多様な子どもたちの
発達支援

なぜこの行動？
なぜこの対応？
理解できる**10**の視点

藤原里美●著

Gakken

子どもの特性に合わせた環境づくり-1

本書で解説している支援の実践例を、写真で紹介します。
具体的な内容や支援の背景については、　P.00 も見てみよう！　をご覧ください。

① 見てわかりやすい表示

さまざまな特性のある子どもたちが使いやすい保育室に。ユニバーサルデザインの考えに基づく支援です。「見てわかる」表示は、子どもたちの「わからない」不安や失敗を軽減させることができます。

→ P.17、27 も見てみよう！

物の場所をわかりやすく

ままごとの道具を、かごの中に入っている物がわかるように写真に撮って表示。

ままごとの食器をしまう棚は、全体の収納レイアウトがわかる写真を表示。

小さくて量の多いおもちゃは透明ケースに入れて、前面に写真を。ケースを置く場所がわかるように、棚にも同じ写真をはっている。

2

脱いだ上履きは上履きマークの上に……という自然な流れが生まれる。

「廊下に飛び出しちゃダメ！」と制止するより、ずっと効果的。

次の人、その次の人が待つ場所を、テープで表示。待ったり並んだりが苦手な子にもルールがわかりやすく、友達ともぶつからずトラブルになりにくい。

自分の場所をわかりやすく

机の中央にはられたグループマークの周りには個人マークと名前を表示。席を立っても、表示があれば迷わず自分の席に戻ることができる。

ジョイントマットに個人マークをはって、移動可能な「自分の場所」に。お集まりのときや健診を待つときなど、いろいろな場面で活用できる。

集まって並ぶときの場所を、テープとシールで表示。言葉による指示が入りにくくても、自分のマークのところに行けば、きちんと並べる。

子どもの特性に合わせた環境づくり

② 安心できる空間

集団の中で頑張って疲れたときに、気持ちを落ち着けたいときに、1人になれるスペースを必要とする子はたくさんいます。さまざまな場所に設けられた「安心空間（リソーススペース）」を紹介します。

→ P.25 も見てみよう！

保育室の中に

半畳ほどのスペースを、パーテーションで覆ってリソーススペースに。パーテーションは、子どもの状態に合わせて、開けたり閉じたり……という使い方ができる。

おうちごっこなどに使われるあそびコーナーの奥。カラーボックスの後ろにある小さな空間。気持ちが落ち着いたら、自分でカラーボックスを動かして出てくる。

保育室内にある保育者の席の後ろに。マットと子どもが好きなおもちゃを置いて、牛乳パックと段ボールでパーテーションを作った。

職員室に

棚と机で壁を作り、小さなテーブルとクッション、おもちゃボックスを設置。おもちゃボックスには、利用する子どもたち数人の好きなおもちゃが、それぞれ入っている。

ホールに

ホールで一斉の活動をすることも多いので、広いホールの一角にも、可動棚で壁を作りリソーススペースを確保。棚の置き方で、クラスとのつながり具合も調節できる。

リソースルームに

リソースルームを設けている園も。入口には絵本棚やいすを置いて、入りやすく。室内には、ままごとや洗濯あそびの道具、指先を刺激するおもちゃなどがある。保育室から自分の好きなあそびの道具を持参してくる子もいる。

※多様な子どもたちの発達支援に必要な資源（リソース）という意味で、あそびや休息に使える安心空間（場所）をリソーススペース、部屋をリソースルームと呼んでいます。

5

 子どもの特性に合わせた環境づくり

３ あそびながら、発達を支援

不器用さが目立つ子どもはもちろん、ほかのさまざまな特性がある子どもについても、手先を使い、目を使い、脳を働かせることが大切です。楽しみながらあそぶ中で、繰り返し体験できるものにしましょう。

→ P.37、39、75 も見てみよう！

プラスチック容器に口の形に穴を開け、ウサギの顔に。ポンテンやひもをおはしでつかんで、ウサギのお口に「あーん」。

プラスチック容器に穴を開けて、ビニールテープで切り口をカバー。穴の大きさとボールの大きさを合わせて入れていく。

子どもが入ってあそべる小さいボールプール。段ボール箱に穴を開けたものは、上からボールを入れると下から出てくるしくみ。

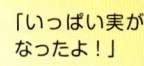

「いっぱい実がなったよ！」

モンテッソーリ教具の「りんごゲーム」を使って、自由にあそんで（本来は量と数字の理解をねらいとするもの）。

洗濯ばさみをつなげて、いろいろな形を作って。洗濯ばさみを付けたり外したりするのは、指先の力のほか、いろいろな感覚を刺激する。

ちょうど手が届くくらいの壁に設置した低年齢児向けのおもちゃ。ボタンをはめたり構成あそびをしたりしながら、指先を使う。構成あそびのパーツは、優しい色合いのフェルト地に、マグネット板を接着したもの。

パターンカードに合わせて玉とキューブをひもに通す、形と色を識別するモンテッソーリ教具。両手の指先を器用に使う「ひも通し」は、繰り返し取り入れたいあそび。

楽しくあそびながらボディイメージをつかんでいけるように、はしごや平行棒、トンネル、跳び箱、滑り台を使って作られたサーキット。特定の子だけでなく、クラスのみんなで利用する。

7

子どもの特性に合わせた環境づくり

4 園の工夫、ほかにも

目の前の子どもたちにとって、どんな支援がぴったりくるのか。「使いにくい子はいないかな？」「過剰な支援になっていないかな？」と繰り返しチェック・改善をしていくことで、より子どもたちに合った環境・支援になっていきます。 → P.53 も見てみよう！

「褒める」いろいろ

「いいこと」をしたら、ガラス瓶にビー玉を1つ入れる。個人ではなくクラスで共有。だんだんたまっていくビー玉は、見た目も素敵。

（上）「いいこと」をしたら、個人マークの横に、自分が好きなシールをはっていく。好きなシールをはれることがうれしい3歳児向き。（左）ホワイトボードにはった個人マークの横に、●マグネットが増えていく。途中で●の色が変わるのがポイント。

「いす」いろいろ

丸みのある座面にドーナツクッションを置いたもの。おしりがはまって安定する。

ひじかけが付いているだけで、いすに座っていられるようになる子もいる。奥は同じクラスのほかの子どものいす。

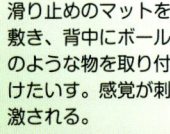

滑り止めのマットを敷き、背中にボールのような物を取り付けたいす。感覚が刺激される。

座面に滑り止めシートを敷いて、姿勢を崩れにくく。

足元に牛乳パックで作った台を置いて、足が地面にしっかりとつくように。

はじめに

　子どもの気になる行動に出会うと、まずは診断をして……と考える人も少なくありません。確かに、診断には、スペシャルなニーズがある子どもだということを周囲の大人が共通認識できるメリットがあります。これは、困った行動が子どもの努力不足や親のしつけではないと理解することにもつながります。しかし、重要なのは診断名ではなく、その子にどんな発達特性があるかを理解することです。

　本書では、子どもの気になる行動自体に目を奪われず、その行動は何に由来するのかを考えることを大切にしています。ひと言で「落ち着きがない」といっても、「体の内側に感じる感覚が足りない」「何をやるか見通しがもてない」「周囲からの刺激が多すぎて情報を処理できない」など、さまざまなことが考えられます。そして、その原因によって対応方法は違います。

　この原因を考えるときに、発達障がいの知識があると役に立ちます。そしてさらに、その特性を裏付ける脳の仕事の仕方を学べば、子どもの発達の理解がぐっと進みます。

　明日からの保育に役立つことを、この本から見つけてください。子どもの対応に不安を抱えていても大丈夫です。今できることはたくさんあるのですから。

2015年6月　　　　　　　　　　　　　　　　藤原里美

もくじ

子どもの特性に合わせた環境づくり - 1 … 2
　①見てわかりやすい表示 … 2
　②安心できる空間 … 4
　③あそびながら、発達を支援 … 6
　④園の工夫、ほかにも … 8

　はじめに … 9

　本書の構成 … 12

1 園生活になじみにくい子どものために　感覚と記憶の視点から … 13
　子どもの姿と対応 … 14　　支援の背景 … 16　　クラス運営 … 20
　保護者サポート … 22

子どもの特性に合わせた環境づくり - 2 … 18
　見てわかる、思い出せる表示・ツール … 18

2 あそびや活動時に困る子どものために　覚醒レベルの視点から … 23
　子どもの姿と対応 … 24　　支援の背景 … 26　　保護者サポート … 28

3 活発に動く・動きたがらない子どものために　固有覚と前庭覚の視点から … 29
　子どもの姿と対応 … 30　　支援の背景 … 32　　保護者サポート … 34

4 生活習慣が自立しにくい子どものために　不器用さの視点から … 35
　子どもの姿と対応 … 36　　支援の背景 … 38　　保護者サポート … 40

5 行事参加を嫌がる子どものために　プランニング能力と思考のくせの視点から … 41
　子どもの姿と対応 … 42　　支援の背景 … 44　　保護者サポート … 46
　クラス運営 … 48

6 困った行動への対応　コミュニケーション能力と注目のパワーの視点から … 49
子どもの姿と対応 … 50　　支援の背景 … 54　　保護者サポート … 56

7 友達とのトラブルへの対応　シングルフォーカスと心の理論の視点から … 57
子どもの姿と対応 … 58　　支援の背景 … 60　　保護者サポート … 62

8 話を聞く力を育てるために　視知覚と姿勢保持の視点から … 63
子どもの姿と対応 … 64　　支援の背景 … 68　　保護者サポート … 70

9 0.1.2歳の気になる子どものために
身体機能の発達と共同注意の視点から … 71
子どもの姿と対応（0～1歳児）… 72　　子どもの姿と対応（2歳児）… 75
支援の背景 … 78　　保護者サポート … 80

10 就学先を考えるために　知的能力と集団適応の視点から … 81
子どもの姿と対応 … 82　　就学先決定の背景 … 85　　保護者サポート … 89

11 子どもの言葉から見えてくるもの　氷山モデルの理論から … 91
氷山モデルの理論で考える … 92
シャワーが痛いの。／大きな声は、怒っているからでしょ？／
考えるのにすごく時間がかかって疲れるんだ。／頭がおかしくなるくらい苦しいんだ。／
時間を戻したい。赤ちゃんからやり直したい。／なんで友達とうまくいかないのか、わかりませんでした。

本書の構成

本書は、「子どもの発達特性を理解して適切な支援をする」という専門性の高い保育の参考となるよう、次のような構成になっています。

子どもの姿と対応
子どもの気になる姿を具体的に挙げて、それに対する適切なかかわり方や実践の工夫を紹介しています。

支援の背景
前述の対応について、なぜその対応・支援になるのかを、「○○の視点」で解説しています。これが、子どもの発達特性を理解して支援していくための大切な視点になります。

保護者サポート
発達が気になる子の支援において大切な、保護者を支える視点。保護者と協力しながら、ときに支えながら子どもの成長をはぐくむためのヒントを紹介しています。

クラス運営
＜子どもの姿と対応＞ページで紹介している実践アイディアも、特定の子どもだけに向けたものではなく、クラス全体に向けて実践してもよいものがほとんどです。ここでは、特にクラス全体の運営にかかわる内容を紹介しています。

関連する内容のページのリンクを示しています。それぞれ参照すると、より理解が深まるでしょう。

1 園生活になじみにくい子どものために

新年度。子どもたちは大きな環境の変化を体験します。
大抵の子どもは、1か月もすれば園生活の流れをつかんで活動するようになりますが、中には、なかなか順応しない子どもがいます。

感覚と記憶の視点から

見え方、聞こえ方、考え方や行動のペース、好きなあそび、得意なこと……、子どもたち一人一人に違いがあります。新しい環境へのなじみにくさには、感覚の受け取り方と記憶の多様性に注目してみるとよいでしょう。

園生活になじみにくい子どものために

子どもの姿と対応

年齢が上がるにつれ、「一人一人の発達の違い」より「みんなと一緒」の視点が強くなりがちです。子どもたちの発達はバラエティー豊かで当然だと考えて、その違いを尊重した保育をしていきましょう。

園生活の流れが身につかない

- 朝の支度がなかなか進まない
- 自分のロッカーの場所を覚えられない
- 注意があちこちに向いて、落ち着かない

対応 ●**手順を書き出してみる**

ある園の朝の支度を例に考えてみましょう。

1 靴を脱ぐ → 2 靴箱にしまう → 3 上履きを履く → 4 保育室に移動する → 5 園服を脱ぐ → 6 園服をロッカーに掛ける ↓
12 タオルを出す ← 11 箱にしまう ← 10 連絡帳を出す ← 9 箱にしまう ← 8 シールをはる ← 7 かばんからおたより帳を出す
↓
13 タオルを掛ける → 14 かばんをロッカーに掛ける → あそびを始める

こうしてみると14もやることがあります。
丁寧に教えても、なかなかのみ込めない子どももいるでしょう。
ではどうしたらよいのか。いろいろな視点での支援が考えられます。

14

感覚と記憶の視点から

●やることを減らしてみる

　思い切って手順を減らします。慣れるまでは、上履きに履き替え、かばんを置いたらあそび出すのも悪くありません。

●手伝ってしまう

　手順を減らせないのなら、どんどん手伝います。子どもがあそび出して一段落ついたら、保育者がまとめて支度をしてもよいのです。

●最後だけ自分でできるようにする

　最後のかばんを掛けるところだけ子どもがやります。「終わりよければすべてよし」で、子どもは自分でやったという気持ちで終わることができます。

●終わりからつなげていく

　14の手順の終わりから、自分でやることを増やしていきます。かばんをロッカーに掛けられるようになったら、タオル掛けを足し、それができたらタオルを出すことも……と、前の手順を加えていきます。子どもは常に「最後までできた！」を感じつつ、「1人でできた！」が増えていきます。

●見てわかる環境を工夫する

　絵や写真など、忘れても思い出せるような環境も大切です。

●やってみせる

　手本を見ることで理解が進みます。言葉だけで子どもを動かそうとせず、保育者が行動で示しましょう。

●場所を区切る

　動線を考え、シールをはる所、連絡帳を出してしまう所、タオルを掛ける所……と場所を分けましょう。場所ごとにやることが決まっているとわかりやすくなります。

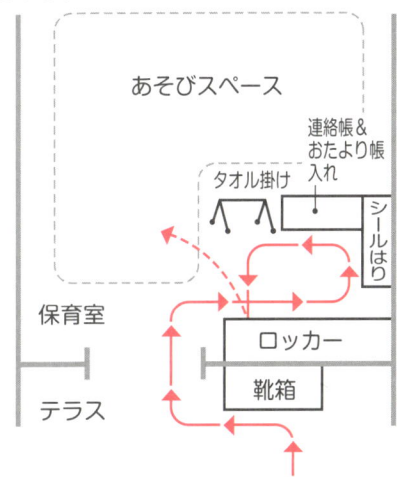

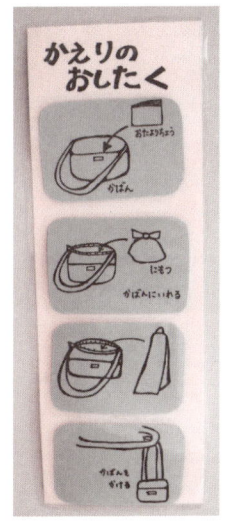

支度の手順を絵でわかりやすく表示。

園生活になじみにくい子どものために

支援の背景

ここでの支援の背景には、「感覚」と「記憶」の視点があります。

感覚の視点では

●情報・刺激の量を少なくして

子どもは、視覚・聴覚・嗅覚・味覚・触覚という5感を駆使して情報を取り込み、処理して行動します。変化の大きい4月には、その感覚が少し過敏になると考えてみましょう。音や目に見える物、においなど、量も質も、家庭と園とでは大きく変化します。すると、家庭では上手に取り入れている情報も、園では取り入れにくくなると考えられます。多くの刺激で不安になったり、逆に興奮したり……。朝の支度も、「いつもならできることもできなくなる」と考え、手伝うことを増やすのです。

刺激の量を減らし、情報を整理する必要があると考えると、保育室も、視覚に入る刺激が少ない方が安心できます。装飾や掲示物など、この時期は少なめに調整するとよいでしょう。あそびのコーナーを区切って集中してあそべるようにするのもよいですね。

なお、大人の声や動きも刺激になります。保育者が大きな声を出したり落ち着かない動きをしたりすると、子どもは感覚的にそわそわ、イライラしてしまうのです。声かけは必要最低限にし、穏やかに、静かなトーンで伝えるよう心がけましょう。

●「見せて伝える」を意識して

刺激を減らす一方で、必要なことをどう伝えるかも重要です。人は情報の8割を視覚から取り入れるといわれ、落ち着かない時期は、より「見せて伝える」ことが必要です。やってみせる、絵で示すといった支援を大切にしましょう。

棚を布で隠すと、視覚的な刺激が減り、落ち着いた環境になる。

感覚と記憶の視点から

記憶の視点では

●「思い出せる」環境づくり

新年度、新たに覚えながら行動することがたくさんあります。この覚えながら行動するときの記憶を「ワーキングメモリ（作業記憶）」といいます。脳のメモ帳ともいえるもので、幼児期では、大人からの言葉の指示を覚えて行動できる数は、5歳児で1〜2つといわれています。そう考えると、14ページの朝の支度にしても、14の手順を覚えることが子どもにとってどれだけ大変か、わかるでしょう。1つ覚えて、できたら次を増やしていくという丁寧な教え方が必要なのです。

保育室環境においても、記憶の視点から工夫をしてみましょう。靴箱やロッカーに自分の場所がわかるようなマークを付けたり、15ページにあるように支度の手順を絵にして掲示したりするなど、忘れても思い出せるような環境が整えられていると安心

牛乳パックで作った靴下入れ。個人マークが内側の底に付いているので、入れる際にわかりやすい。

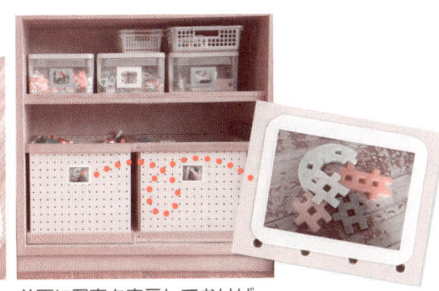

前面に写真を表示しておけば、ケースごと棚に収納しても、中身がわかる。

P.2も見てみよう！

できます。

また、指示はできるだけ端的に、具体的に、1つずつ出すことを心がけましょう。2つ以上の指示を出すときは、思い出せるように視覚的手がかりを提示するとよいでしょう。丁寧に伝えることは当然ですが、思い出せるように情報を整理しておくことも大切だと考えて、環境をつくります。

●ワーキングメモリを確かめてみよう

ワーキングメモリの力を、数称で確認してみましょう。

①大人がランダムに数字を言う（3・7・9など）。　②それを子どもが復唱する。

個人差がありますが、5歳児なら3〜4つの数字は覚えられます。難しいようなら、聞いて覚え、作業するためのワーキングメモリはうまく使えていないと考えたほうがよいでしょう。

17

子どもの特性に合わせた環境づくり-2

見てわかる、思い出せる表示・ツール

見てわかる、思い出せる工夫として、クラス全体に示す予定表や決まりごとなどの掲示のほか、記憶やプランニングに課題のある子に個別に用いる絵カードを紹介します。

予定表

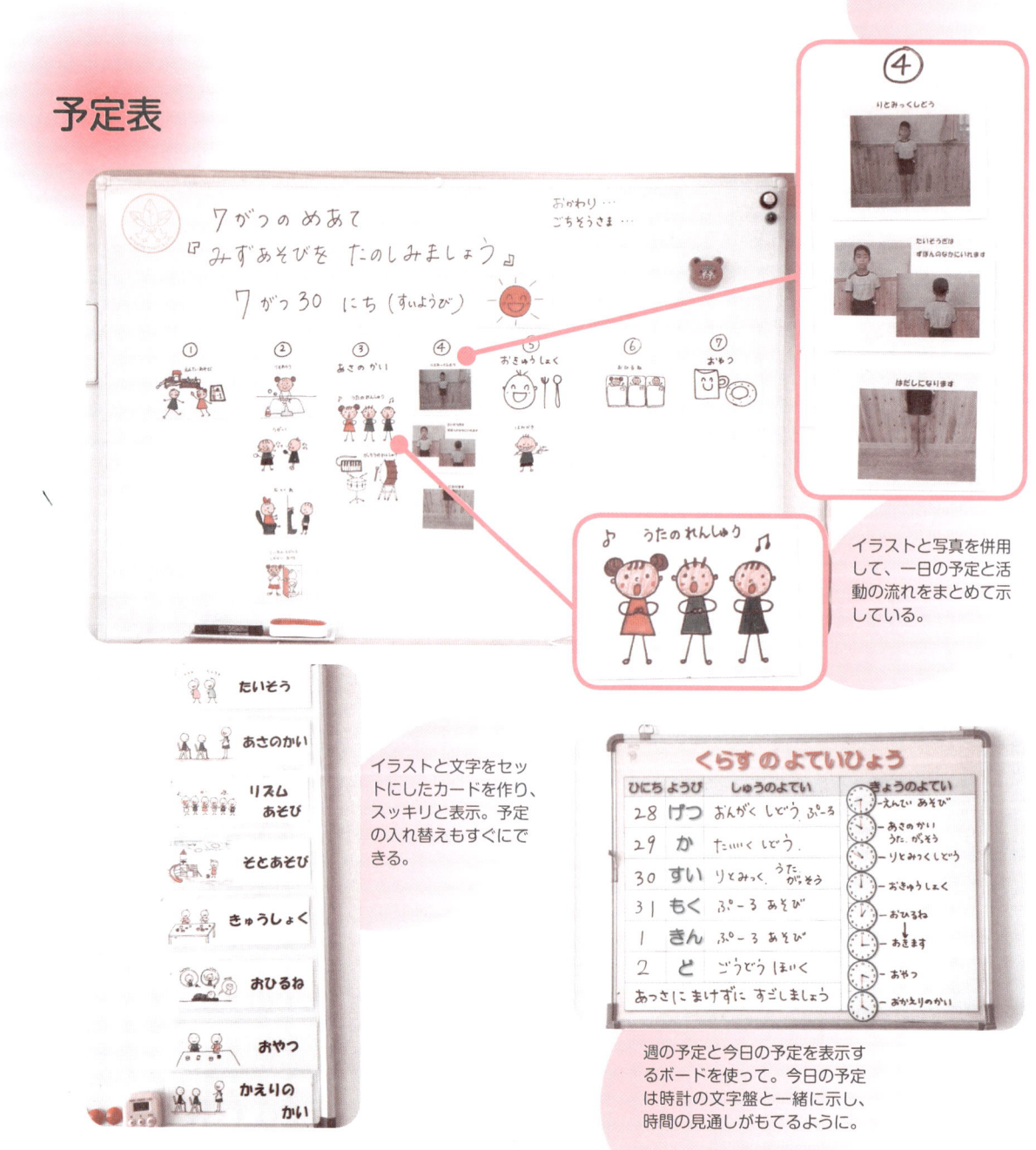

イラストと写真を併用して、一日の予定と活動の流れをまとめて示している。

イラストと文字をセットにしたカードを作り、スッキリと表示。予定の入れ替えもすぐにできる。

週の予定と今日の予定を表示するボードを使って。今日の予定は時計の文字盤と一緒に示し、時間の見通しがもてるように。

水道の所には、手洗いのルールを写真を使って掲示。子どもの目の高さにあり、いつでも確認できる。

決まりごと・ルール

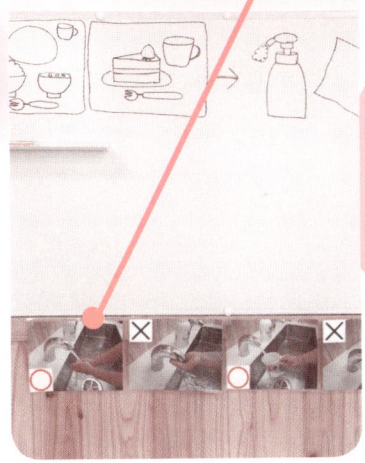

（下）給食を食べるときの決まりごとをイラストと言葉で示したもの。（右）「わからないときには、教えてくださいと言う」。こういったコミュニケーションの方法も、見て思い出せるようにしておくと助かる子どもがいる。

個別の支援

わかっていてもなかなか次の行動に移れない子どもには、個別の絵カードを目の前に差し出して声をかける。

行動と行動のつながりがわかりにくい子には、「お片付けが終わったら（マグネットを"帰る"の方に移して）帰ります」といった伝え方の工夫も。

「トイレに行く」行動が難しい子に、「トイレチケットをトイレにいる保育者に渡す」行動を作ることでトイレに行くことができたというケースも。

イラストによる説明が伝わりやすい子のために保育者が作った、プール活動の流れとお約束。

園生活になじみにくい子どものために

クラス運営

感覚の視点で考えると、保育者の「声」も刺激になると前述しました。「声」は大切な環境の一つ。子どもたちにも、「声の大きさ」を意識できるようにしてみましょう。

●にぎやかなのは、当たり前？

子どもたちのにぎやかな声が響き渡る……園の日常生活では当たり前です。でも、本当に当たり前なのでしょうか？

たくさんの園にお邪魔する機会があるのですが、子どもたちの声がとても穏やかで静かな園と、大きな声で話さなければ互いの声が聞こえない園があります。声の大きさは、人的環境に影響されます。周りの大人や子どもが大きな声だと、同じように大きな声で話さないと聞こえないからです。食事のときなど、園によってその違いが明らかになります。

家庭生活から園生活への移行の時期、この声に圧倒される子どもも多いのです。子どもの声はにぎやかなのが当たり前という理解から、「声の大きさ」を子どもが意識できる保育へと変換してみましょう。

まずは、大人の声を意識してみましょう

あなたは、どんなトーン、スピードで子どもに話しかけていますか？ 自分の声に耳を澄ませて、子どもへの声かけをモニタリングしてみましょう。穏やかに、静かなトーンで、ゆったりとした声は、子どもに気持ちよく響くはずです。

1か月に1回でいいので、このチェックリストを使って振り返ってみましょう。

□穏やかな声で話しかけていますか

□子どもに近づいて話しかけていますか

□ゆったりとしたペースで話しかけていますか

□子どもの様子を確認してから話しかけていますか

□端的に具体的に話しかけていますか

□肯定的な言い方で話しかけていますか

□守れること、できることを伝えていますか

□「いや」の訴えを受け止めていますか

□子どもの言動に巻き込まれていませんか

感覚と記憶の視点から

子どもに声の大きさを意識させてみましょう

右の写真は、「こえのものさし」といって、保育室に掲示されているものです。学校でも同じ内容の掲示物をよく見かけます。大切なのは、このものさしと実際の声を対比しながら聞かせたり、声を出してみたりすることです。これらを繰り返し行うことで自分をモニタリングするのが上手になるでしょう。

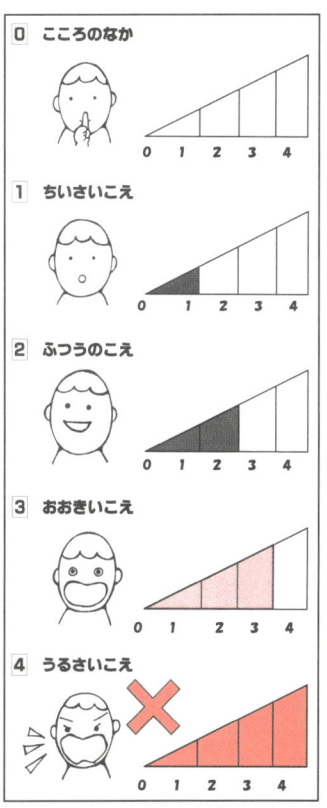

右も同じ、声の大きさをイメージさせるものですが、声の調節が苦手なA君に使ったものさしです。

ある場所での約束を視覚的にイメージさせながら、自分がその振る舞いをできているのかどうか振り返ります。ここで大切なのが、「この約束なら守れるだろう」と思う振る舞いを、大人が選択することです。「約束したらできた！」という成功体験にしなければならないからです。

A君も、具体的なイメージをもてるようになると、声の調整ができるようになりました。大人も子どもも、自分をモニタリングできるようになると、いろいろなことがコントロールできるようになるのです。また、自分を振り返り、適切に評価できるようにもなりました。ただ「静かに」と言うよりは、振る舞い方をイメージし、体験していくことが必要なのです。

21

園生活になじみにくい子どものために　　　　　　　　　感覚と記憶の視点から

保護者サポート

「園でみんなと同じようにできてほしい」と思っている保護者に、子どもの姿をどう伝えたらよいのでしょうか。

●**集団へのなじみにくさを、感覚と記憶の視点から話してみる**

新年度は保護者の不安も大きく、愛する我が子が新しい環境で安心して過ごせるのか、心配しながら子どもを送り出していることでしょう。

中でも、集団生活で困った行動を示す子どもとその保護者には、大きく2つのタイプがあると考えます。「家庭では順調に育ってきたと感じていて、集団生活で初めて気になる行動が明らかになり戸惑う」タイプと、「家庭でも育てにくさがあり、集団生活に大きな不安を抱えている」タイプです。

前者のタイプは、保護者と離れる不安が大きく登園を嫌がったり、集団活動でパニックを起こしたりします。保護者は子どもの予期せぬ姿に戸惑います。

後者の場合は、家庭よりさらに落ち着きのない行動を示し、友達とのトラブルも頻繁に起こります。保護者はある程度予測していたとはいえ、毎日ハラハラしながら子どもと向き合います。

子どもの状態と保護者の認識の差はありますが、いずれも子ども自身の感覚の受け取り方とそれを処理する力、そして記憶に偏りがあると考えられます。つまり、周囲から得られる情報を適切にとらえて理解し、行動に移していくことの難しさがあるのです。

そこでまず保育者は、今の心配な状況が家庭でのしつけや育て方の問題でないと伝えたうえで、以下のようなことを丁寧に説明していきます。

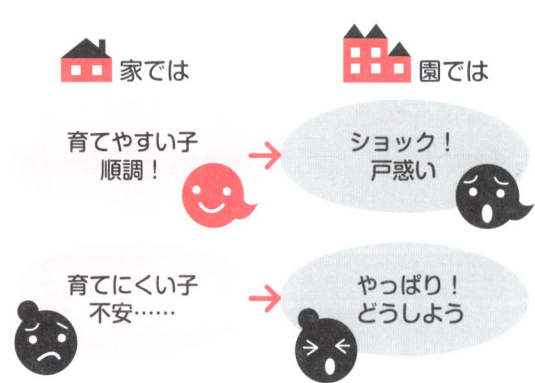

- ●見る・聞く情報が圧倒的に園の方が多くなる
- ●情報量が多くなると、そのことに圧倒されて不安になったり、気分が高揚して落ち着かなくなったりする

　　↓　それを踏まえて家庭では、

- ●生活リズムを一定にし、リラックスして過ごせるように心がける
- ●子どもの不安や気分の高揚に対して、しかったり、一緒に不安になったりしないようにする

といった配慮をお願いするとよいでしょう。

2 あそびや活動時に困る子どものために

徐々にクラスが落ち着いてくるころに、気になる姿を見せる子どもがいます。一斉活動を始めるときにボーッとしていたり、話しているときに動き回ったりする子がいると、全体の活動がうまく進められず、困ってしまいます。

覚醒（せい）レベルの視点から

これらの困った姿は、いわゆる「テンションの高さ」をコントロールできていないがために起こります。それを理解する視点が、「覚醒レベル」です。

あそびや活動時に困る子どものために

子どもの姿と対応

クラスの中で困った姿を示す子どもとしては、大きく2つのタイプに分けられます。それぞれの特徴的な姿とそれに適した対応例を挙げてみました。

タイプ1　ボーッとしがちな子ども

- 生活の流れの理解ができずに不安な様子が続いている
- 何をするかを伝えても、行動に移せない
- あそべないことが多く、ボーッとしたり、ふらふらしたりしている
- 困っている様子を見せるが、大人に助けを求められずにいる

対応

● 行動の開始の合図を決める

タイマーをセットして、「ピピピと鳴ったら片付け開始」など、言葉以外での合図を工夫してみましょう。

● 生活の流れの中に中継点を入れる

自由あそび
↓
絵本
↓
一斉活動
↓
絵本
↓
自由あそび
↓
絵本
↓
お弁当
↓
絵本

左記例のように、活動の合間に中継点としてのあそびを用意します。中継点があることで活動の終わりや次の活動の始まりが伝わりやすくなります。

● 生活の流れを一定の時間で区切る

生活の流れや活動を、学校の授業のように一定時間で区切ってみましょう。例えば、活動の時間をおおむね30分にそろえてみます。すると、子どもの中に体内時計ができ、「そろそろ次の活動だな」と、感覚的に行動の終わりと始まりがわかりやすくなります。

24

覚醒レベルの視点から

タイプ2 気分が高揚しがちな子ども

- 園生活には慣れてきたが、入園時と変わらず、もしくはより落ち着かなくなっている
- 部屋の中を走り回る、部屋から飛び出してしまうこともある
- 落ち着かない行動を止められると、イライラする
- 興奮していることが多く、話を聞くことが難しい
- 自分の要求が通らないと、相手をたたいたりどなったりしてしまう

対応

●クールダウンできる場所や物を用意する

お気に入りの場所（できれば静かな環境）とおもちゃを用意し、興奮しすぎる前に、そこで過ごす時間を定期的に作りましょう。

部屋の隅に設定したリラックスできるスペース。好きなおもちゃを置いておく。

ついたてにより周囲の刺激が遮られ、落ち着いてパズルや手先のあそびに取り組める。

事務室に作ったクールダウンスペース。一旦保育室を出て、友達と離れる必要があることも。

P.4 も見てみよう！

●言葉かけは最低限に抑える

大人の言葉かけも刺激になります。子どもが落ち着かないと、つい多くの言葉をかけてしまいますが、声かけは必要最低限にして、穏やかに、静かなトーンで伝えるように心がけましょう。

あそびや活動時に困る子どものために

支援の背景

ここでの支援の背景には、「覚醒レベル」の視点があります。

覚醒レベルの視点では

●覚醒レベル（気分・感情の波）とは

　覚醒レベルとは、「脳が目覚めているときの状態」のことです。わたしたちは、場面に合わせてこの覚醒レベルを調整しています。

　例えば子どもが保育者の話を聞くときは、意識を保育者に向け、注意を持続させながら聞くために必要な覚醒レベルを作ります。落ち着いた脳の状態にして、話に集中していきます。しかし、友達とあそぶときは、楽しい気持ちになるので気分をやや高揚させる状態にしているはずです。こうして気分・感情の波を無意識にコントロールしているのです。

　ただ、この無意識のコントロールが難しく、場面に応じた覚醒レベルが上手に作れない子どもがいます。聞こえてくる音や目に見えるもの（感覚刺激）を、適切に、適量取り入れられず、過剰に反応している、もしくは反応が鈍くなっている場合があるのです。

　入ってくる感覚情報をすべて取り入れてしまう子どもは、強く変化の激しい感覚刺激により覚醒レベルが常に高く維持されます。反対に排除しすぎる子どもは、必要な感覚刺激が足りないために覚醒レベルが下がったままになります。

　覚醒レベルは高すぎても低すぎても、活動中のパフォーマンスが悪くなってしまいます。本来子どもはこの覚醒レベルを、場面に応じて行ったり来たりしているのです。

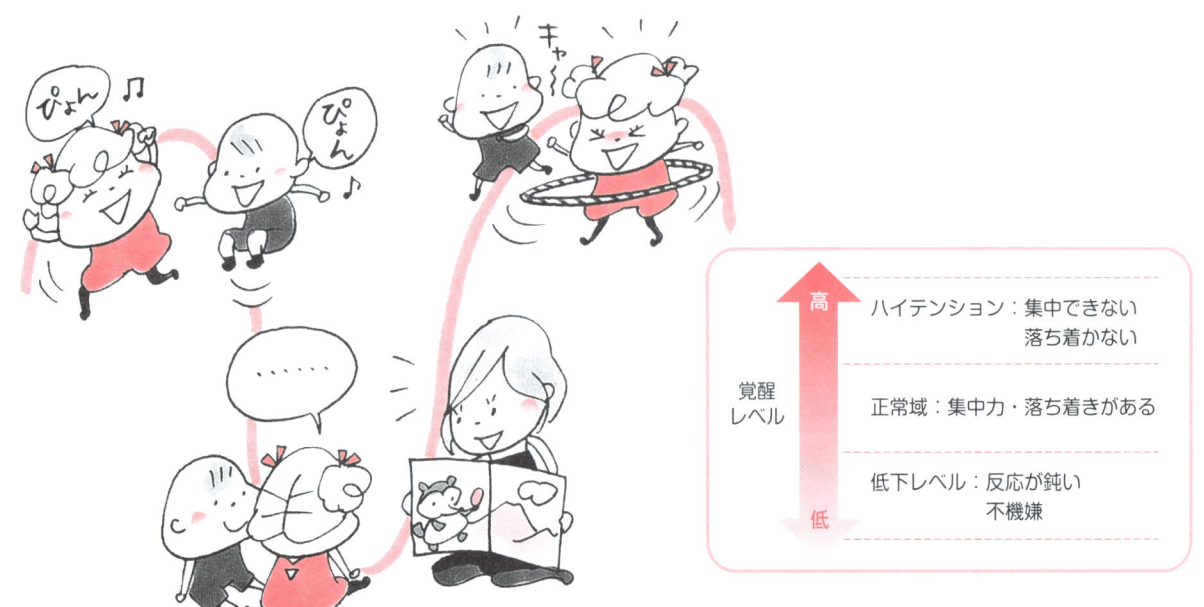

覚醒レベルの視点から

タイプ1 刺激を排除しすぎて覚醒レベルが低いタイプ

24ページで示したタイプ1の場合は、覚醒レベルが低くなりがちで、ボーッとしてしまうことが多くなります。そのため、保育者の言うことが聞こえない、行動を始めることや友達とやり取りしながらあそぶことが難しい状態になっています。

本人にとっては、環境からの情報が多すぎて不安になり、疲れやすい状態が続くので、感覚情報を排除し、覚醒レベルを低くして休憩をとっていると考えられます。

タイプ2 刺激を取り入れすぎて覚醒レベルが高いタイプ

25ページのタイプ2の場合は、覚醒レベルが高くなりがちで、気分が高揚し、興奮することが多くなります。そのため、タイプ1の子どもと同様、保育者の指示が入りにくく、友達とのトラブルも多くなります。

タイプ1と2では行動の現れ方は違いますが、それぞれ覚醒レベルがうまく調整できないことは共通しています。

●落ち着ける環境づくりが大切

ちょうどよい覚醒レベルを保つためには、安心できる、落ち着いた環境づくりが大切です。周囲から入ってくる感覚情報を大人が調整する方法です。そのための実践を紹介します。

自分の場所がわかりやすい

一人一人の座る場所とスペースがはっきりわかると、友達ともぶつからず、不快な感覚が入らないので、安心して座っていられる。

→ P.3も見てみよう！

見通しがもてる

散歩の際の手をつなぐ相手と歩く順番を示した掲示。不安なときほど感覚が過敏になるが、見通しがつくことが安心につながり、過敏さも軽減される。

思い出せる

覚醒レベルが高すぎたり低すぎたりするため、今やるべきことを忘れてしまう子どもに、思い出せるようにした絵カード。個別に見せたりはり出しておいたりする。

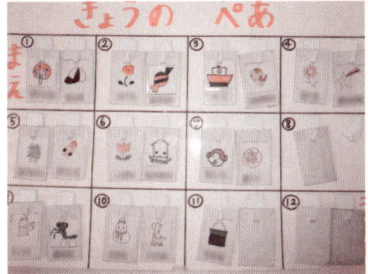

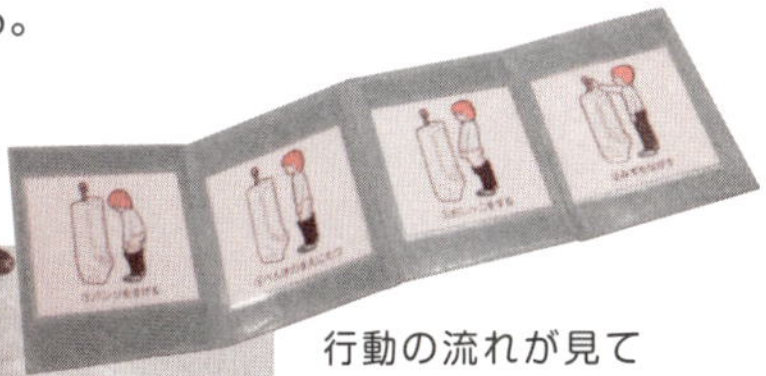

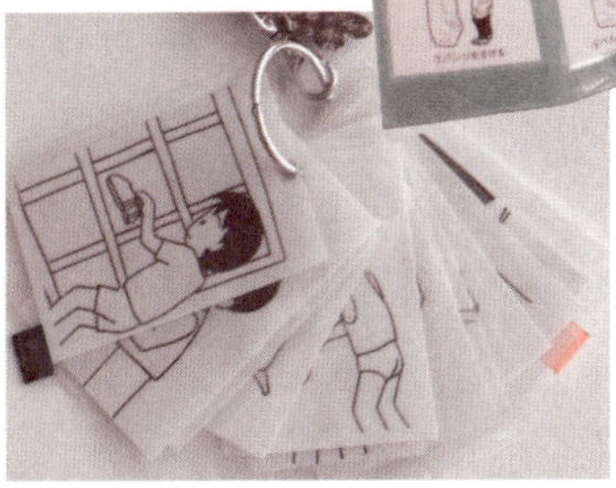

行動の流れが見てわかるカード。情報が、必要な分だけ整理して入る。
※写真のトイレ以外にもいろいろな場面で用意し、必要に応じて子どもに見せる。

●コミュニケーション面の課題も

「困っているのに伝えられない」「要求が通らないと相手をたたく」といった行動の背景には、子どものコミュニケーション面に課題があることも考えられます。その場合、伝え方や助けの求め方を教えるといった対応が考えられます。

→ P.50~51も見てみよう！

あそびや活動時に困る子どものために　　　　　　覚醒レベルの視点から

保護者サポート

保護者の不安が子どもにも伝わり、悪循環に陥ることもあります。安心感を与えるかかわりの大切さを、伝えてみましょう。

●園生活になじめない姿について、覚醒レベルの視点から話してみる

園生活が始まってしばらくたつのに、子どもがなかなかなじめないとなると、保護者の不安も募ります。そんなときは、「大きな集団では本来の力を発揮するまでに時間がかかるお子さんがいる」ことを、保護者と確認します。そして、家庭との環境の違いから、情報のとり入れ方や覚醒レベル（気分の波）がうまく使えない状態が生じることを伝えるとよいでしょう。これを、携帯の電波状況に例えて説明すると理解してくれる保護者もいます。家では大丈夫なのに園でうまくいかない子どもを、電波の受信感度にばらつきがあり、場所によってつながったりつながらなかったり……つまりできたりできなかったりしている状態だと理解するのです。園のように、にぎやかで多くの電波が飛んでいる場所では必要な情報をうまくキャッチできない。またはキャッチしても脳の中で電波が混乱していてうまくつながらない。でも家では受信感度がよいため、園での子どものうまくいかない姿が想像できず、保護者も戸惑ってしまっているということです。

これらを伝えたうえで、さらに、今後の見通しとして、「まずはその子が受信できるような環境・発信の仕方を整えること。そして本人にも受信するコツをつかんでもらうこと。そうするうちに、少し電波状況が悪い場所でも、つながっていけるようになる」ということまで伝えられるといいですね。

覚醒レベルを安定させるためには、落ち着いて過ごす時間を多くすることが大切なので、家庭では、

●スキンシップを多めにする
●近づいて、穏やかな声で語りかける

という2点に気をつけてもらうとよいでしょう。下の「CCQ」についての話をお便りに載せたり、懇談会で伝えたりするのもいいですね。

子どもへの接し方は「CCQ」を心がけて

子どもに安心感を与える接し方として、CCQという考え方があります。
CCQとは、Calm（穏やかに）、Close（近づいて）、Quiet（静かなトーンで）の頭文字を取ったもので、「気持ちを穏やかにして、近づいて、声のトーンを抑えて」言葉をかけるということです。あなた自身の気持ちの余裕がなくなっているときは、このCCQを心の中で唱えてみてください。

3

活発に動く・動きたがらない子どものために

室内で活発に動き回る子どもがいると、ほかの子どもとぶつかる危険もあり、保育者は気が休まりませんね。一方で、動くのをおっくうがる子どももいて、それも悩みの種になります。

固有覚と前庭覚の視点から

両極端に見える子どもたちですが、実は、体の内側にある感覚に偏りがあるという共通の背景があります。それを理解するのが、「固有覚」と「前庭覚」の視点です。聞きなれない言葉ですが、発達支援においてはとても重要な視点になります。

活発に動く・動きたがらない子どものために

子どもの姿と対応

正反対に見える２つのタイプですが、対応は同じで大丈夫です。

タイプ1 活発に動き回る子ども

- 走り回ったり、跳びはねたり、落ち着きなく動き回る
- 高い所に登って飛び降りる、くるくる回るを繰り返す

タイプ2 あまり動きたくない子ども

- 室内でごろごろしていることが多い
- 戸外あそびに誘っても嫌がる
- 動くのをおっくうがって、すぐ疲れたと言う

対応 ●室内で楽しむ感覚あそび

タイプ１、２とも、子どもがどんな感覚を求めているのかを理解し、その感覚を満たすあそびの設定が大切です。

活発に動く子どもの欲求として、「感触を楽しみたい」「くるくる回りたい」「ぐっと体に力を入れたい」という３つが考えられます。また、あまり動きたくない子どもは、見て、ふれて楽しむ感覚が無理なく受け入れられるでしょう。こうした感覚を満たすあそびを紹介します。

固有覚と前庭覚の視点から

触って、握って楽しむ
粘土・スライム・フィンガーペインティングなど、使うものの感触を楽しみます。ギュッと力を入れて握る感触も好きなので、力を入れても大丈夫なものを積極的に取り入れてみましょう。

見て楽しむ
風船のふわふわ、シャボン玉のキラキラなど飛ぶ様子を楽しみます。シャボン玉を手でつぶしたり、風船をうちわで打ち合ったりあおいで飛ばしたりしても。フープを回す・転がすなども見て楽しむあそびになります。

マット運動
ごろごろ回る・でんぐり返しなど、マットの上で回転刺激を楽しみます。外側からぐっと力がかかる感覚が好きな子どもも多いので、クッションで体を押してあげても楽しめます。

室内用鉄棒で
前回りをすると、くるくる回りたい欲求が満たされます。また、鉄棒に両手両足を巻きつけてぶら下がると、ぐっと体に力が入り心地よさを感じます。

バランスボールで
座って揺れを楽しんだり、弾んだり。大きなバランスボールなら「おしくらまんじゅう」のように体に押し当てるのも楽しいです。

大人とつながって体を動かす
大人と手をつないだり、体をくっつけたりしながら一緒に体を動かします。ふれる・回る・体に外側から力が入るなど、大人が調整して感覚を楽しませることができます。

両手でタッチ
大人が出した手に子どもがタイミングよく手を合わせていきます。出す手の位置・リズムを変化させて。

一緒に歩こう
子どもを大人の足の甲に乗せて歩きます。前や後ろ、横に移動するのも変化があって楽しめます。

スイングターン
両手をつないだまま、歌やリズムに合わせて背中合わせになるように体をひねったり戻ったりします。

 活発に動く・動きたがらない子どものために

支援の背景

ここでの支援の背景には、内的な感覚、「固有覚と前庭覚」の偏りという視点があります。

固有覚と前庭覚の視点では

●体の動きをコントロールする
　2つの感覚

　感覚というと、視覚・聴覚・嗅覚・味覚・触覚という5つの感覚を思い浮かべます。しかしわたしたちは、この五感以外にも体内に感じるものとして2つの感覚をもっています。それは、固有覚と前庭覚という感覚です。

　固有覚とは筋肉や関節に感じる感覚、前庭覚とは体の傾きやスピードを感じる感覚です。

　この2つは、立つ・歩く・走るという基本的な動作はもちろん、はしを使う、洋服を着る、体を洗うなど日常生活動作すべての体の動きをコントロールするために必要です。

　「座る姿勢」と「走る動き」で、この2つの感覚の働きを見てみましょう（右図）。

　これらの例から、この2つの感覚がうまく働かないと、姿勢が崩れたり、走り方がぎごちなかったり、カーブがうまく回れなかったりすることが理解できるでしょう。体の動かし方のぎごちない子どもは、一見ふざけているように見えますが、この2つの感覚の偏りが大きいことが考えられます。

座っているとき

腹筋・背筋にどのくらいの力を入れるかを理解するために働くのは固有覚。

頭の位置を感じるのは前庭覚。

上半身全体の傾きを感じるのは前庭覚。

背中の中心を感じるのは固有覚。

※座り姿勢では、背中の中心（背骨）から頭の位置を把握してまっすぐに上半身を保ちます。

走っているとき

直線とカーブを走るときのスピードを感じ、体の傾きをスムーズに調整するのが前庭覚。

ひざや腕の関節をどのくらい曲げて、力を入れてスムーズに動かせるかを調整するのが固有覚。

●鈍感タイプと敏感タイプ

　固有覚・前庭覚に偏りがあるタイプは大きく2つに分かれます。1つは、感覚が入りにくい・鈍感タイプで、もう1つは、感覚が入りすぎる・敏感タイプ。

　入りにくい感覚はもっと入れたくなり、入りすぎる感覚はその感覚を避けようとする欲求があります。おなかがすいたら食べたい、満腹ならもういらない、というのと似ています。

タイプ1　感覚が入りにくい・鈍感タイプ

固有覚や前庭覚が不足している場合、走り回る、跳びはねるなど落ち着きのない行動が見られます。30ページの「タイプ1・活発に動き回る子ども」に通じ、跳びはねたりすることで足りない感覚を補っているというイメージです。

このように感覚が不足している子どもには室内でも体を動かせるあそびを提供し、適切に感覚を取り込んで満足できるようにします。また、体が動き始めたら、その動きを止めるというより、外側から筋肉や関節に感覚を入れる（押す・軽くたたく・強めになでてギュッと力を入れる）ようにします。

タイプ2　感覚が入りすぎる・敏感タイプ

固有覚や前庭覚が入りすぎる子どもは、体の力を抜いて床に寝転んだりしています。30ページの「タイプ2・あまり動きたくない子ども」に通じ、不必要な感覚をできるだけ入れないようにしているというイメージです。

このようなタイプには、その子の安心できる感覚を見極めてあそびを設定し、自分からあそび出すのを待ってみます。様子によっては、ごろごろしていることも大切なあそびととらえて見守ります。嫌がる感覚に慣れさせるというより、安心させることで過敏さを軽減させる視点が大切です。

感覚の過敏には、「慣れさせる」より「避ける」支援を

敏感タイプで真っ先に浮かぶのは、特定の感触を嫌がる「触覚の過敏な子」だと思います。ここでは、固有覚と前庭覚を中心に説明していますが、いずれにしても過敏な感覚には、慣れさせるという支援ではなく、「できるだけその感覚を避けて安心できる環境を提供する支援」が必要です。不快な感覚が排除された安心できる環境で過ごすことで、結果的に過敏さが軽減されることが多いものです。園など感覚刺激が多い場所では過敏さが顕著で、家庭では目立たないという子どももよく見られます。

活発に動く・動きたがらない子どものために　　　　　　固有覚と前庭覚の視点から

保護者サポート

室内で走り回る、じっとしていなくて危ない思いをしたことがある、食事中に座っていられない……など、保育者が抱える悩みは、保護者の悩みでもあります。

●保護者の悩み&質問に、内的な感覚の視点から話してみる

Q うちの子はいつも動いていて落ち着きがありません。どうしたら落ち着きますか？

A 感覚あそびを紹介しましょう。

内的な感覚について説明し、感覚を満たすあそびの大切さを保護者と共有します。感覚が不足している子どもに、「じっとしていなさい」というのはとても難しいことなので、動き回る以外の感覚あそびを具体的に伝えてみましょう。31ページで紹介したあそび以外にも、体を押したりもんだり、こすったりするマッサージも家庭で取り組めるので紹介するとよいですね。手のひらや手首あたりをもんだり、ひざを強めにさすったり、頭をもみほぐしたり……。子どもが好む感覚を一緒に探してもらいましょう。

Q 座っていても姿勢がうまく保てません。何度注意してもダメで、特に食事中はひどいです。

A いすの工夫を伝えましょう。

姿勢を保つためには、体の中心を意識することと、適度に筋肉に力を入れておくことが必要です。それがうまくできない場合、いすを工夫する具体的な方法を提案してみましょう。まず、子どもの足が床にしっかりつく高さというのが大切です。いすが高い場合には、床面を上げる工夫をします。そして、背もたれや座面にクッションや座布団などを取り付けてみます。おしりと背中に感覚を感じることで、感覚が入りにくい鈍感タイプの子も、自分の体の状態を意識しやすくなり、姿勢の保持につながります。

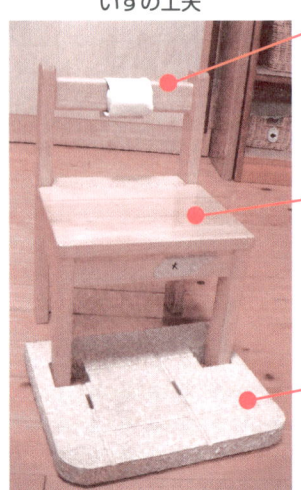

いすの工夫

- 背もたれにしっかり背中が当たるよう、クッションなどを付ける。
- おしりがしっかり密着するように座布団を敷くとよい。
- マットなどで、足がつく高さに調節。

→ P.8、66〜69も見てみよう！

4

生活習慣が自立しにくい子どものために

着脱、食事、排せつ、手洗いなどの基本的生活習慣において、行動につまずき、自信をなくしてしまう子どもがいます。

不器用さの視点から

このような行動のつまずきは、身体的な不器用さに原因があることが多いものです。なまけているとか努力が足りないと考えるのではなく、「不器用さ」の背景を理解することから始めましょう。

生活習慣が自立しにくい子どものために

子どもの姿と対応

生活習慣のつまずきを発達の多様性によるものであると考え、難しい操作を繰り返し練習するのではなく、子どもの状態に合わせた工夫をしていきましょう。

生活習慣の行動につまずく子ども

- 着替えを嫌がる、または、やってもうまくいかない
- 食事に時間がかかる、食べこぼしが多い
- トイレでいつも服を汚してしまう
- 手を洗うときに周りをびしょびしょにしてしまう

対応1 ●握る・押す・引くあそび

手先の操作は、指先だけの問題ではありません。それ以前に、自分の体のイメージをしっかりもてているか、特に、肩・ひじ・手首を安定して動かせるかという視点が大切です。握る・押す・引くなどの動作をあそびに取り入れ、肩・ひじ・手首に力を入れて適切に動かしていきましょう。

不器用さの視点から

押し相撲
しゃがんだり、ひざ立ての姿勢で向かい合い、両手で押し合い相撲をします。

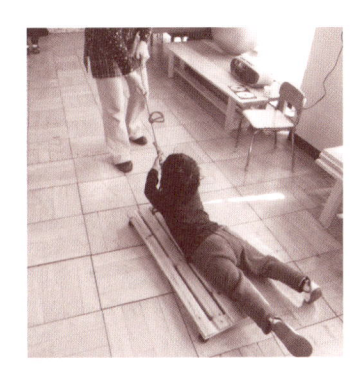

スクーターボードで
スクーターボードや段ボール箱、タオルケットなどに乗り（寝転んでも、座ってもよい）、大人が引っ張り動かしてあそびます。子どもはロープをしっかり握り、引っ張られる力や進む動きに合わせて自分の体勢を調整します。

力の入りづらい子どもには……
あそぶ前に、握った手の上から、また手首や肩の関節をギュッと握って、力を入れる部位を確認しておくと、どこを使えばいいのかを意識しやすくなります。
また、うまく力が入らず自分の体を支えるのが難しい場合は、大人と1対1でのタオル引きあそびもよいでしょう。その際大人は、引っ張る力を子どもの力の強さに応じて調整しましょう。

対応2 ●手先を使ったあそび
生活習慣スキルを高める、手先を使ったあそびやおもちゃを紹介します。

指当てゲーム
子どもの手に布をかけて隠し、大人が指先に軽くふれてどの指を触ったか当てっこ。通常、6歳になると確実にふれた指を認識できます。

つまむあそび
コインを貯金箱に入れる、洗濯ばさみを使ったあそび、指・トング・ピンセットで小物をつまんで移動するなど。

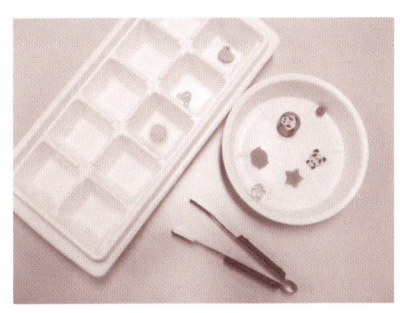

なーにかな？
おやつやおもちゃをジッパー付きの袋に入れ、出し入れの際に、つまんで引っ張ります。

→ P.6も見てみよう！

37

生活習慣が自立しにくい子どものために

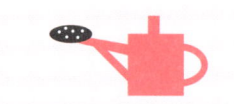

支援の背景

ここでの支援には、「不器用さ」の視点があります。32～33ページで解説した固有覚・前庭覚との関連が強いとされており、そこを理解したうえでの支援が必要となります。

不器用さの視点では

●手先の不器用さの程度を確認

「積み木をいくつ積むことができるか？」これが手先の発達の目安になります。2個だと12か月、3個だと15か月、4個だと18か月、7個だと24か月、9個だと30か月、10個だと36か月の発達といわれています。

つまり、積み木が7個積める2歳ころにスプーンの正しい持ち方の練習をできるという見立てです。あくまで保育現場で行える確認の目安ですが、年齢は2歳でも積み木を7個積めないという場合、その発達段階に至っていないと考えます。

また、積み木を10個積めるようになると、ボタンのかけ外しやおはし、はさみの練習を取り入れられるということになります。年齢ではなく手先の操作の発達を把握して、適切な時期に生活習慣の練習を取り入れることが大切です。

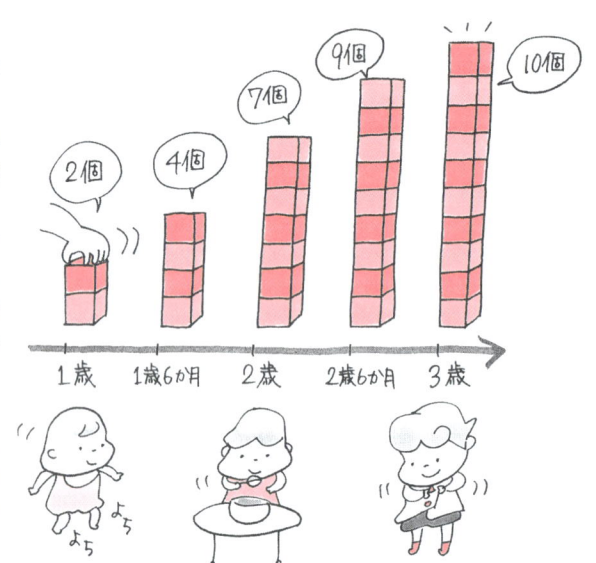

ボタンかけもスモールステップで

1 貯金箱あそび
まずは穴に物を入れるというスキルに取り組む。コインと穴の縦横の関係がわかる必要もある。

2 ボタンかけ教材①
穴の部分がしっかりとしていて、通す穴が大きく、ボタンに付いているひもが長い教材で。

3 ボタンかけ教材②
穴の部分がフェルトで、穴が大きく、ひもが長い教材で。

4 穴の大きさ・ひもの長さを変えて
少しずつ穴を小さく、ひもを短くしていく。

これはクリアファイルを切って作った物のため持ちやすく、透明なのでボタンの動きが見える。

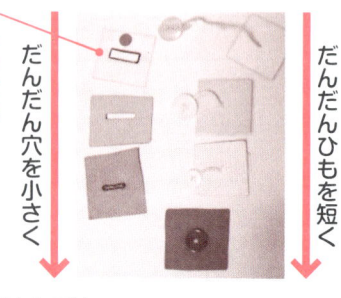

だんだん穴を小さく
だんだんひもを短く

動作スキルの過程としては、
①ボタンを穴に入れる→②両手を使いボタンを穴に入れる→③両手を使いボタンを穴に入れ引っ張り出す……と進み、ここまで確実にできるようになったら、通常のボタンの練習に取り組みます。

不器用さの視点から

●協調性運動が困難

不器用な子どもの中には、体の部位の協調性を要する運動への困難さがある場合も。「不器用だから」と繰り返し練習しても一向にうまくならない、また自立しないということになり、子どももイライラして自分でやろうとする気持ちさえなくなる……という悪循環に陥ってしまいます。この場合、運動課題への困難があると仮説を立て、支援を行う必要があります。

なお、こうした子どもの中には、「発達性協調運動障がい」という診断名のつくケースもあります。手足のまひはないものの、著しい不器用やバランスの悪さなどがあって、日常動作にも支障をきたします。

●意欲の低下につながる

通常の発達をしている子どもは、これをつかんでみよう、この坂道を上ってみようなど、心の中からやってみたい、運動したいという気持ちが出てきます。しかし、不器用さがあるとそうした意欲をもちにくくなります。

動きがスムーズでないので、動くたびに「気をつけなさい」「よく見てないからよ」「もっと頑張って」などと言われることが多く、子どもは自信と意欲をさらに低下させてしまうのです。

こうした悪循環を回避するためには、37ページのような、あそんでいるうちに練習できてしまう活動が必要です。保育者はそのあそびの背景にあるねらいや効果を理解して子どもにかかわっていきます。

その際大切なのは、全体としてはうまくいかなくても、一部分を見て肯定的な評価をすること。「丁寧に見ていたね」「腕に力が入っていてよかったよ」など、動きのコツやポイントを肯定的に伝え、うまくいくやり方を子どもと一緒に考えていきましょう。

●ボディイメージがつかみにくい

体の内側の感覚（固有覚・前庭覚）がうまくキャッチできず、自分の体の状態がわかりづらいため、思うように体を動かせない、不器用さが目立つ、ということがあります。感覚を刺激するあそびやボディイメージを意識できるあそびをたくさん取り入れていくことも不器用さの改善につながっていきます。

→ P.6~7、31、67も見てみよう！

生活習慣が自立しにくい子どものために　　　　　　　　　　　不器用さの視点から

保護者サポート

生活習慣の自立に向けた支援は、園と家庭で一緒に取り組んでいけるといいですね。

●保護者と支援を共有して

こうした発達の状態は劇的によくなるわけではなく、スモールステップで練習を積み重ねることが必要なので、家庭でも意識してかかわってもらうことが力になります。保護者も子どもの状態に不安を感じているはずなので、今回学んだ背景やあそびを保護者と共有してみましょう。

Aちゃんの場合

ボタンがうまくはめられず、着替えにとても時間がかかる。

考えられる発達課題
手や指の固有覚が十分に育っていないため、ボタンをつまんで方向を調整したり、適度な力を入れて操作したりすることが難しい。

こんなあそび・生活の工夫を
手や指の感覚を育てるあそびを設定します。肩・腕・手指のマッサージ、指当てゲーム、貯金箱あそび、ジッパー付き袋の活用、キラキラビーズ通し、小麦粉粘土など。

B君の場合

シャツを着る、ズボンをはく、という一連の動作がスムーズにできない。

考えられる発達課題
体の各部位の位置や動きを感じにくく、適切に動かせない。体の動かし方の順序を組み立てられない。

こんなあそび・生活の工夫を
全身のいろいろな部位に感覚が入るあそびを設定します。入浴時に体の部位を鏡で確認しながら洗う、ぞうきんがけや布団たたみなど全身に力を入れるお手伝い（うまくできなくてもよい）、手押し車、押し相撲、背中に指で書いた文字を当てるゲームなど、家庭で毎日無理なくできるあそびがポイントです。

5 行事参加を嫌がる子どものために

運動会、発表会などの行事を通じて、子どもたちは達成感を味わい、自信をつけていきます。しかし中には、練習や本番への参加を嫌がる子もいます。

プランニング能力と思考のくせの視点から

なぜ嫌なのかを考えて、支援していくことが必要です。嫌がる背景には、動作を企画する力（プランニング能力）の苦手さや、失敗を過度に恐れる思考のくせが隠れていることがあります。

行事参加を嫌がる子どものために

子どもの姿と対応

練習から参加を嫌がる子どもをよく見ると、一つ一つの動作をつなげられず、うまくできないから嫌がっている場合があります。また、練習ではうまくできているのに本番の参加を拒否する子どもには、「失敗に弱い」という特性が見られます。

タイプ1 動作がつながらない子ども

- 行事の練習を嫌がって参加しない
- 体操や踊りの見本をまねて動けない
- 動作の順番が覚えられない
- 隊形移動についていけない

対応 ●動作の手順をわかりやすくする

みんなと動きをそろえることを要求される場面でも、ちょっとした工夫で、楽しく参加できるようになります。

動作をコマ送りの絵にして

一連の動作をつなげて運動することが難しい場合は、動作をコマ送りで示してみましょう。ここだけは決めてほしいというポーズを強調するのもいいですね。そのポーズだけ決められれば、みんなから大きくずれているようには見えません。本人にとっても、部分的にでもほかの子と同じ動作が決まれば、「できた」という気持ちになりやすいものです。

動作の流れ、手順をわかりやすく。

決めてほしいポーズに丸を付けて強調する。

自由な動きを取り入れて

自由に動くところを入れてみましょう。子どもたちがバラバラに動く部分があることで、みんなと一緒にできないことが気になりにくくなります。

繰り返しの動作をたくさん入れて

同じ動作を繰り返すことで、動作の手順を理解しやすく、安心して運動できます。音楽もまた、繰り返しのある曲だと動作の手順がメロディーによりイメージされやすくなります。

プランニング能力と思考のくせの視点から

タイプ2　失敗を恐れる子ども

- 練習でうまくできても舞台に出ることを拒否する
- 人前に立つと緊張が強くなり、いつもの力が発揮できない。パニックを起こすこともある
- 失敗をひどく怖がり、人前に立てない

対応　●失敗しても大丈夫なことを伝える

行事に向けた練習では、つい指導が厳しくなることがあり、「失敗」に弱い子は、いつも以上に失敗してはいけないと、不安が増してしまいます。行事は日ごろの子どもたちの姿を披露する場として、「いつも通りでいいんだよ」「失敗しても大丈夫」ということを、いろいろな方法で伝え、子どもの心を軽くしていきましょう。

紙芝居で伝える

「失敗は成功のもと」という考え方を、紙芝居で楽しく伝えてみましょう。

①僕は、あいさつや着替え、片付けなどできることがたくさんあります。

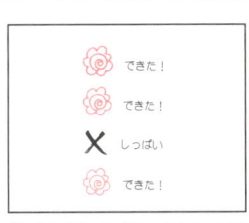

②できることがたくさんあるけれど、時々失敗することもあります。

③でも時々失敗するのは、とてもよいことなのです。

④なぜなら、失敗することで新しいことややり方を見つけたり、覚えたりできるからです。

⑤失敗すると、友達と仲良くなったり、何かできるようになったりする方法がわかってくるのです。

⑥だから、時々失敗するのは、よいことです。

魔法の言葉・合言葉

「失敗は成功のもと」を魔法の言葉・合言葉として子どもと言ってみましょう。「次はうまくいくさ」「こんなこともあるさ」のほか、ちょっと難しい「七転び八起き」といったことわざもいいですね。繰り返し言うことで、ポジティブな考え方が習慣になるでしょう。

※上記の紙芝居は、実際に筆者が幼児の支援に使用しているものです。

行事参加を嫌がる子どものために

支援の背景

ここでの支援の背景には、「プランニング能力」と「思考のくせ」の視点があります。

プランニング能力の視点では

●力はあるのに、なぜかできない

一つ一つの動作はできるのに、流れのある運動になると動作と動作がつながらず、何度も声をかけられないと最後までやりきれない子どもがいます。「力はあるのに、いつまでも1人でできない子」という印象です。

この一連の動作がつながらない子どもには、「プランニング能力」が弱いという視点が必要です。

脳の中には前頭前野という部分があり、脳の司令塔といわれます。ここは「実行機能」という働きをもち、その1つが「プランニング」。まず何をしようかと考え、そのための動作を計画し、行うという一連の流れのことです。

●動作の企画を手助けする工夫が必要

例えば、「パンツをはく」という運動の企画は次のようになります。

①座る⇒②両手でパンツのゴムを持つ⇒③ひじを伸ばして片足のひざを曲げる⇒④パンツの胴体部分の穴から足部分の穴に片足を通す⇒⑤通した足のひざを伸ばす⇒⑥同じ動作をもう片方の足で行う⇒⑦そのまま立ち上がる⇒⑧パンツを引き上げる

このように、一連の行動の流れを企画してつなげていくのですが、プランニング能力につまずきがあると、これがうまくいかないわけです。さらに、体を協調して動かすことの苦手さをあわせもつのならなおのこと。手順を絵で示す（下図）など、運動の企画を手助けする工夫が必要です。

また、動作を言葉で言って確認していくのも、プランニングの手助けになります。「上」「前」「横」と言いながら手を上げたり伸ばしたりするのです。自分の動作が言葉でフィードバックされ、意識が高まります。

プランニング能力と思考のくせの視点から

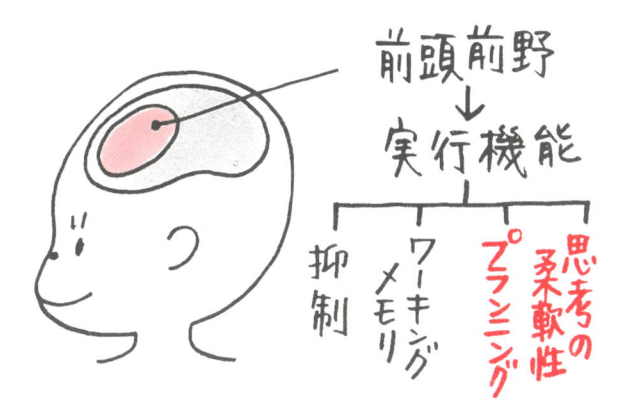

※ここで取り上げている2つの機能のほか、「ワーキングメモリ」は必要な記憶を一時的に保持しながら情報処理を行う機能（P.17 参照）、「抑制」は不必要な反応を抑えて必要な反応だけ行う機能という働きをもちます。

発達障がいとの関連は？

発達障がいのある子どもは、「実行機能」が働きにくいといわれていますが、診断がなくても、脳のあり方、気質として実行機能が育ちにくいタイプの子どもはいます。ですから、障がいの有無ではなく、その子どもの「プランニング能力」や「思考のくせ」の状態を見極めて、工夫や支援を行うことが大切です。

思考のくせの視点では

●オール・オア・ナッシングの考え方

　人はみな、思考のくせをもっています。例えばコップに半分の水を見て「半分も入っている」とポジティブに考えるか、「半分しか入っていない」とネガティブに考えるかにより物事のとらえ方は大きく異なります。
　失敗に弱いタイプの子どもは「オール・オア・ナッシング」つまり、黒か白か、0か100かという考え方です。失敗はこの世の終わりのように考えてしまい、失敗を避けるため、活動自体やらなくなる子もいます。新しい体験は不安で大きなストレスを感じ、何よりも経験が広がりません。

　これは、「プランニング」同様、脳の実行機能の一つである「思考の柔軟性」と関連しています。思考の柔軟性がうまく働かないと、「失敗＝取り返しのつかないもの」という考え方にとらわれ、切り替えできなくなります。子どもは物事にチャレンジし、失敗から学びながら成長していくのですから、失敗は怖くない、むしろ大切なことという考え方を伝えていきたいものです。

行事参加を嫌がる子どものために

保護者サポート

行事は、我が子とほかの子との違いが見えやすく、保護者の期待と不安が高まる日になります。保育者は、そんな保護者の気持ちを考えてかかわる必要があります。

●本番に強いタイプと弱いタイプ

A君は、運動会の練習は参加したがりません。自分の好きなかけっこは参加しますが、嫌いなリズム体操は集団から外れてあそんでいます。一方、Bちゃんは、運動会の練習はまじめに参加しています。かけっこも遅いし、リズム体操もぎこちない動きですが、頑張って練習しました。

そして運動会当日。A君は練習に参加しなかったのに、本番ではすべての種目に参加できました。Bちゃんは、不安と緊張で、結局全種目参加できませんでした。

A君は本番に強いタイプ。保護者はみんなと同じにできたのでほっとしました。

Bちゃんは本番に弱いタイプ。保護者は参加できなかったのでがっかりしました。

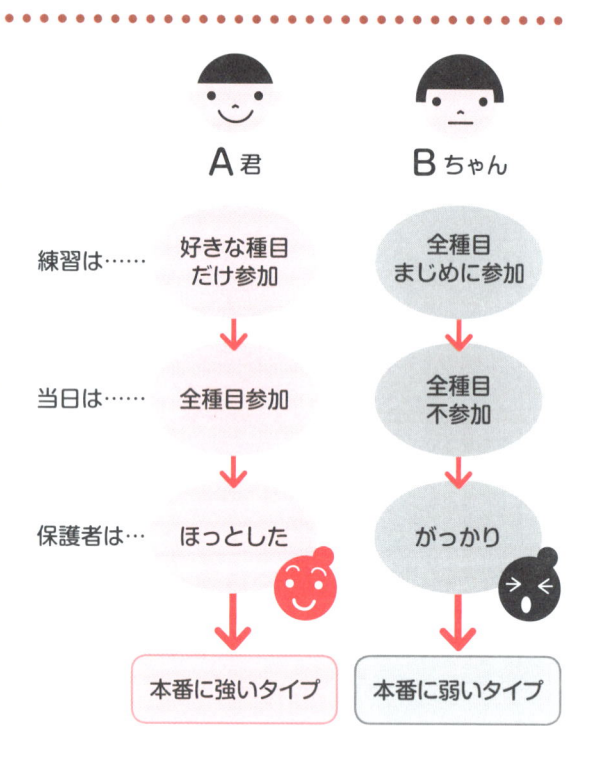

	A君	Bちゃん
練習は……	好きな種目だけ参加	全種目まじめに参加
当日は……	全種目参加	全種目不参加
保護者は…	ほっとした	がっかり
	本番に強いタイプ	本番に弱いタイプ

●「行事で力を発揮できない=ダメな子」ではない

行事は多くの人から認められる場となり、ある子どもにとっては成長の糧になりますが、ある子どもにとっては参加できない、うまく振る舞えないことで自尊心を傷つけてしまうことを忘れてはいけません。

「行事で力を発揮できない=ダメな子」ではないことを保護者と確認しましょう。どうしても参加が難しい場合は、行事の参加を見合わせる子もいます。

そして、保護者へは行事の成功ではなく、日常的な子どもの姿を認めることが大切であると伝えます。そのうえで、「もし、本番でうまくいかなくても大丈夫。一生懸命練習してきたことこそ大切」という考えを伝えて、安心感を与えます。自分の頑張りを認められること、その積み重ねがいつの日か、自信をもって行事に参加できることにつながるのです。

プランニング能力と思考のくせの視点から

● 保護者自身の思考のくせに注目して

ネガティブ思考は育児不安につながる

　子どもの思考のくせは大人の思考のくせを反映しています。ポジティブに考える大人が身近にいると、自然に失敗に対して不安がなくなるのです。
　思考のくせには、オール・オア・ナッシングのほか、選択的抽出化、マイナス思考、一般化のしすぎなどがありますが、そういう思考のくせをもつ保護者は育児に自信がもてない、自己肯定感が低いことが考えられます。

思考のくせ

● オール・オア・ナッシング
　黒か白か、0か100かで考えてしまう

● 選択的抽出化
　1つのネガティブな要素にこだわって、くよくよする

● マイナス思考
　よい結果はきっと起こらないと考えてしまう

● 一般化のしすぎ
　1つの失敗により、いつも失敗すると考えてしまう

保育者は、保護者を認め、支える存在に

　現代の育児は、保護者……主には母親が孤立せざるを得ない状況となっています。多くの母親は、だれからも認められず、褒められず、孤軍奮闘して子どもを育てているということです。ですから、まず保育者から、ねぎらいや感謝の言葉をかけましょう。「お迎えご苦労さまです」「毎日のお弁当、いつもありがとうございます」など、今できていることに焦点を当てるのです。
　また、子どもを褒める際に「お母さんがいつも明るく見守っているのでお子さんも幸せですね」「お母さんの頑張りがお子さんを支えていますね」など、母親の存在が子どもの心のよりどころであるというメッセージをさりげなく送ってみましょう。
　ポジティブなメッセージが、ポジティブな思考に導きます。「失敗しても大丈夫」という安心感を子どもに与えるためには、保護者の自信が必要。このことを心に留めて、保護者にかかわりましょう。

行事参加を嫌がる子どものために

プランニング能力と思考のくせの視点から

クラス運営

運動会も発表会も、子どもたちが同じ目標に向かって取り組むことがねらいの一つです。いろいろな方法がある中、ここでは、それぞれ役割を分担して行事に取り組むということを提案します。

●プログラムの工夫で、安心して参加できるように

発達の多様な子どもたちの中には、行事の季節になると不安定になる子がいます。それは、いつもより特別に練習して、より難しい課題に取り組み、それをお披露目しなくてはならないからだと思います。日常と大きく異なる日々が、負担になっているのです。

例えば運動会。みんなで同じようにできること、より速く、より上手にできることが評価となる内容では、みんなと同じようにできない子、上手に動けない子はどうなるのでしょう。「あの子がいると、負けちゃう」「うまくできないんだもん」という声も。こういう場合は、種目内容を工夫してみるとよいでしょう。

- ●種目内容を、勝敗のないものにする
- ●勝敗のあるもの、ないものを用意して、子どもがやりたい種目を選択する
- ●勝敗のあるものは親子種目、もしくは保育者と一緒に行う種目にする
  （大人がフォローすることで、勝敗に子どもの能力が反映されにくくなる）
- ●役割分担のある種目を工夫する

役割分担のある種目例「みんなでつもう」

積み木をかごに入れる人⇒そのかごを持って運ぶ人⇒かごから積み木を出す人⇒積み木を積む人
⇒あいたかごを元の場所に運ぶ人　そして、それを応援する人……というように、それぞれの役割に分かれて取り組みます。積み木は積み終わると絵が完成するようにしても楽しいですね。「応援する人」も役割の一つというとらえ方をすることがポイントです。

6 困った行動への対応

保育中に突然泣き出す、友達をたたく、ふざけて走り回る……こうした子どもの行動に対して、いつもどのように対応しているでしょうか？

コミュニケーション能力と注目のパワーの視点から

困った行動を、「コミュニケーション」という観点から見つめ直すと、その行動の意味と対応の仕方について、少し違った形で見えてきます。

困った行動への対応

子どもの姿と対応

泣いている子には「どうしたの？」と理由を聞き、たたいてしまう子には「たたいてはいけません」と注意をし、ふざけてしまう子には「○○しようね」と促す……いずれも適切な対応ですが、ここでは違う対応を紹介します。

困った行動をとる子ども

- 食事中、突然泣き出す
- あそんでいる最中、友達をたたく
- 着替えの際、ふざけて走り回る

対応1 ●困った行動の意味を考え、伝え方を教える

行動の意味を考える

まず、それぞれ困った行動について、どうしてそうするのかを考えてみましょう。

● 食事中に泣いてしまう
→ 嫌いな物を「食べたくない」と言えなかった？

● 自由あそびのときに友達をたたいてしまう
→ 「おもちゃを貸して」と言えなかった？

● 着替えのときにふざけてしまう
→ 「先生、僕の着替えを見てよ」と言えなかった？

こうしてみると、困った行動を示す子どもには必ず理由があり、特に「適切に伝えられないから困った行動をする」というつながりになっていることがわかります。したがって、困った行動の背景にある意味を考え、伝えたいことをうまく伝えられるように手助けします。

コミュニケーション能力と注目のパワーの視点から

伝え方を教える

1. 言葉で伝えられるよう事前に確認

困った行動が起こりそうな場面では、あらかじめ必要な伝え方を確認しておきます。それだけで子どもは「先生がわかってくれているから伝えてみよう」という気持ちになり、困った行動を未然に防ぐことに役立ちます。

- 「食べたくない物があったら、食べられませんと言ってね」
- 「おもちゃが欲しいときは、貸してって言ってね」
- 「着替えのときにお手伝いしてほしかったら『先生来て！』と言ってね」など

2. モデルを示す

事前に伝えても困った行動をしてしまう場合は、伝え方の見本を示します。子どもが伝えることができたら、その伝えられたということ自体を褒めます。

食べられません　　貸して　　見てて

3. 言葉以外の方法を工夫する

言葉で伝えるのが難しい場合、カードを使うなど別の方法を工夫します。

食事のテーブルに「たべられません」「へらしてください」などのカードを用意しておき、指さしたり保育者に差し出したりする。

「かして」「ありがとう」など、友達に伝えることを絵カードにして保育室に掲示しておく。うまくできなかったらそのカードを提示してやり方を確認する。

着替えのコーナーに「お手伝い」カードを準備しておき、保育者に持って行って伝える。

困った行動への対応

対応2 ●困った行動には注目せず、よい行動を褒める

困った行動には見て見ぬふりをして、よい行動を待って褒めるという方法が有効です。事例を通して考えましょう。

> 例）着替えをせずに、ふざけてしまうA君
> 着替えの際いつもふざけていて、保育者と目が合うとうれしそうに走り回るA君。ふざけている自分に注目してほしいのです。保育者は、その行動を見て見ぬふりをし、ほかの子の着替えを手伝いました。するとA君は、保育者がかまってくれないのでつまらなくなり保育者に近づいてきました。そこで「着替えましょう」と穏やかに伝えると着替え始めたので、すぐに褒めました。これを繰り返すうち、A君は走り回ることをやめるようになりました。

この事例は困った行動に注目せず淡々と行ってほしい行動を伝えていく、褒めてよい行動を増やすことにより困った行動を減らしていくという考えに基づいた対応です。

この支援のコツは、「困った行動＝見て見ぬふりをする行動」と、「よい行動＝褒める行動」を保育者がイメージしておくことです。ここでは、「困った行動＝着替えずに走り回る」「よい行動＝着替え始める」になります。

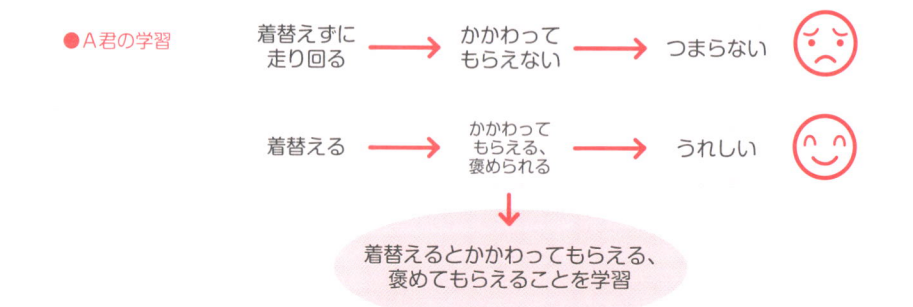

●A君の学習

着替えずに走り回る → かかわってもらえない → つまらない 😟

着替える → かかわってもらえる、褒められる → うれしい 🙂

↓

着替えるとかかわってもらえる、褒めてもらえることを学習

困った行動と危険な行動は区別して

友達にかみつく、高い所から飛び降りるといった行動は困った行動であるとともに、けがにつながる危険な行動です。見て見ぬふりはできないので、ここで紹介した対応とは別に考えます。危険な行動については、「○○しません」と事前に約束をします。本人も理解していることが大切です。行動を起こしてしまった場合は、「○○しない約束です」とだけ伝えて淡々と制止し、やるべき行動を指示します。興奮している場合には、別の静かな場所へ移動し、落ち着くのを待ちます。子どもの怒りやイライラは、見て見ぬふりで対処しましょう。落ち着いたら、約束を再確認します。

「行動に注目せず止める」という難しい対応ですが、常に冷静に対処し子どもの言動に巻き込まれないようにする心構えが必要です。

コミュニケーション能力と注目のパワーの視点から

見てわかる褒め方

褒められたことが見てわかる方法もあります。はなまるマークをもらえる、シールやスタンプを押すといった「頑張ったことが形として見える」工夫です。特定の子だけでなく、クラスの子ども全員に対してそれぞれが頑張ったことを見つけて褒めていきましょう。あそび心のあるシートにしたり、5歳児ならクラス全体のポイントとしてカウントしてみたり、クラスの子どもたちに合う視覚化をしてみてください。

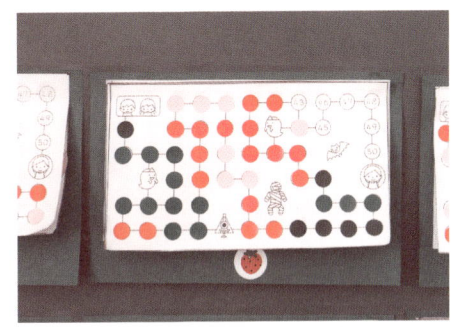

すごろくのようなシートに、丸シールをはっていく。早くゴールにたどり着きたい！

がんばったことを具体的に褒めながら、ビー玉をクラスの瓶に入れる。瓶がいっぱいになったら、壁にはられているリンゴの木に実が1つなる。「リンゴがいっぱいになったら、楽しいことが起こる！」と子どもたちは楽しみにしている。

→ P.8も見てみよう！

対応3 ●1人に注目できる時間をつくる

特定の子だけでなく、クラスの子全員に「取り出し保育」をしている園があります。午睡後、おやつを食べてから降園までの自由あそびの時間を利用して、1人15分くらいずつ担任と1対1で過ごします。何をするかは、子どもによって違います。指先を使うあそびを一緒にしたり、製作の続きをしたり、おしゃべりをしたり……。

「取り出し保育」のメリットは、その子の課題に合わせた活動ができることにありますが、それだけではなく、その子だけのよいところをたくさん見つけて褒める時間になることが、大きなポイントです。

集団の保育をしながら個々の育ちを見て褒めることも大切ですが、実際、余裕がないと難しいもの。この園のように、一人一人に注目できる時間をつくってしまうのも方法です。

困った行動への対応

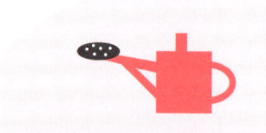

支援の背景

ここでの支援の背景には、「コミュニケーション能力」と「注目のパワー」の視点があります。

コミュニケーション能力の視点では

●適切なコミュニケーションを教える

「応用行動分析」という理論では「適切な行動は適切な学習により獲得され、不適切な行動は未学習・誤学習により生じる」と考えられています。つまり、困った行動を示す子は適切なコミュニケーション方法を学習していない、もしくは間違って学習していると考えるわけです。ですから、子どもに適切なコミュニケーション方法を学習してもらい、その能力を向上させることが必要になります。50〜51ページの対応1は、「適切な伝え方を具体的に知る」ということ、52〜53ページの対応2は、「適切な行動を学び直す」という学習を促すものです。

困った行動の意味は大きく次の3つに分けられます。

困った行動の3大意味

要求　……○○したい・○○が欲しい　など

逃避　……○○したくない・いやだ　など

注目　……見て・ぼく（わたし）をかまって　など

しかし、これらを伝えるコミュニケーション方法を誤学習・未学習している子どもたちは、50ページに示したように、泣いたり、たたいたり、走り回ったりしてしまうのです。保育者は、その場に応じたコミュニケーションを子どもに教えていかなくてはなりません。そのスタートとなるのは、「この子はどうしてこの行動をしているのか？」と考えること。困った行動を示す子は、実はその子自身が困っているのだととらえましょう。

コミュニケーション能力と注目のパワーの視点から

注目のパワーの視点では

●肯定的な注目と否定的な注目

　子どもは、常に保育者に注目してほしいと思っており、注目されることによってよい行動を増やしたり、意欲を向上させたり、自信をつけたりします。
　大人は、子どもの行動によって褒めたりしかったりしますが、いずれも子どもに注目のパワーを与えています。「褒める＝肯定的な注目」で、「しかる＝否定的な注目」です。子どもは褒められるとうれしくなり、さらにその行動を増やそうとしますが、しかられると、その場では困った行動をやめたとしても、「どうせ……」と自信をなくしていくことが考えられます。否定的な注目が度重なると、自己肯定感が低下して、よい行動をしようと頑張るエネルギーがなくなってしまいます。また、しかられることさえも大人から注目されていると感じてうれしくなり、さらに困った行動を増やしてしまう子どももいます。

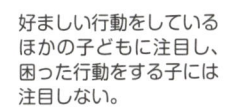

●注目のパワーの使い方

　子どもの好ましい行動を増やし、困った行動を減らすためには「注目のパワー」を上手に使うことが必要です。具体的には、52ページのA君への対応のように否定的な注目はせず、肯定的な注目を与え続けるように心がけるのです。困った行動に見て見ぬふりをするのは難しいことかもしれませんが、肯定的な注目を心がけて子どもに接するだけで保育が変わっていくことでしょう。

好ましい行動をしているほかの子どもに注目し、困った行動をする子には注目しない。

55

困った行動への対応

コミュニケーション能力と注目のパワーの視点から

保護者サポート

家庭では、どうしても子どもの「だめなところ」に目が行きがちです。子どもの「褒めるべきところ」に注目してもらえるよう、保護者をサポートしていきましょう。

●うれしい褒められ方は人それぞれ

あなたはどんな褒められ方がうれしいですか？ ストレートに？ さりげなく？ またはみんなの前で褒められたいか、1人の場面がよいか……人によって違うでしょう。

これは子どもも同様。オーバーに褒められるのが好きな子、そっとふれられるのが好きな子、にっこりほほえまれるだけでうれしい子など、いろいろです。

子どもがどんな褒められ方を喜ぶのか、具体的に褒められた場面のエピソードを共有しながら、保護者と話し合ってみるとよいでしょう。

●保護者にも、子どもを褒めてもらう

53ページで紹介したような、「見てわかる褒め方」を紹介して、家庭でもやってもらいましょう。スタンプやシールがたまったら交換できるごほうびも、園よりも自由度が大きいので、より子どもが喜ぶもの（物・行動）を考えられると思います。

子どもの褒めポイントに意識が向き、保護者の気持ちがポジティブになり、子どもによい影響を生む……という好循環が生まれることが大切なので、目標とする「よい行動」はできるだけ簡単なものになるようアドバイスしましょう。

●「褒める」を、家庭と園で共有

写真のように、家庭と園で共有のツールを使って毎日やり取りするのも一つの方法です。

園と家庭との連携をスムーズにするだけでなく、園の記録を見た保護者が「園での子どもの頑張り」を感じてくれたり、家庭でしかる回数が減ったりという効果もあります。

園での約束は「できること」「だいたいできること」に加えて「ちょっと頑張るとできること」を設定しても、家庭での約束は「できること」「だいたいできること」の2つにしておく方がよいでしょう。

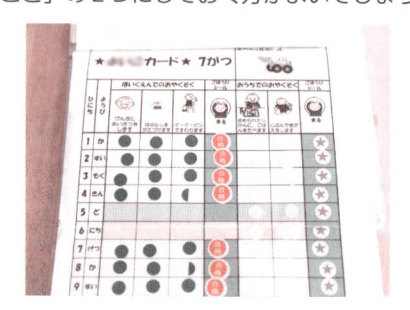

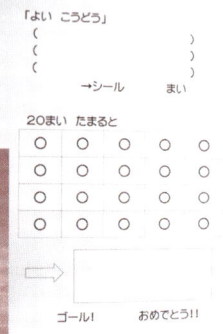

かわいいカードを用意し、よい行動ができたら、思い切り褒め、子どもにシールをはってもらう。

目標とする「よいこうどう」と、それができたときのごほうび（○○ができるなど）を、親子で決めて記入し、確認する。

56

7 友達とのトラブルへの対応

友達とのトラブルは成長の糧でもありますが、発達に課題のある子どもについてはしっかりとサポートしないと、ただ失敗を繰り返すばかりになってしまうことも。

シングルフォーカスと心の理論の視点から

友達とのトラブルの多くは、コミュニケーションのつまずきによって起こります。相互コミュニケーションのつまずきにつながる発達の視点が、「シングルフォーカス」と「心の理論」です。

友達とのトラブルへの対応

子どもの姿と対応

ここでは、伝える力はあるけれど主張が強すぎてトラブルになる例を見ていきましょう。
※伝える力がなくてトラブルになるケースの対応は、「困った行動への対応」（P.49～）を参照してください。

主張が強すぎる子ども

●お父さん役をやりたいA君

お父さん役をやりたいA君は、同様にやりたいB君と衝突。周囲の子にじゃんけんで決めようと言われ納得してじゃんけんをしたものの、いざ負けると、「僕が先に（お父さんをやりたいと）言った」「僕は悪くない、B君がずるをした」と主張します。

●滑り台の列に割り込むCちゃん

Cちゃんは、滑り台を並んで待っていた友達の列に割り込み、ほかの子に「後ろに並んで」「みんな待ってるんだよ」と言われても、「ちゃんと並んだよ」「割り込んでなんかいないよ」と主張します。

●友達とおもちゃの取り合いになったD君

D君は友達とおもちゃの取り合いになったとき、相手をたたいて泣かせてしまいました。「たたいたことは謝ろう」と伝えても、「あいつが悪い、僕の使いたかったものを取った」の一点張り。「友達は痛かったよ」と言っても、納得がいかず、怒りが収まりません。

対応1 ●思いを受け止め安心させる

自分の言い分を聞き入れてもらう体験から

まずは、その子どもの言い分を丁寧に聞き取りましょう。つじつまが合わなくても詰問せず、「なるほど、あなたはそう感じたのね」「○○君にこうしてほしかったのね」など肯定的に受け止めます。子どもが話した内容をそのままゆっくり繰り返すことが大切です。相手の話すペースを尊重しながらタイミングよく繰り返してみましょう。

すると、子どもは「うん」「はい」と言ったりうなずいたり、肯定的に反応します。この肯定的なコミュニケーションが安心を生みます。

気持ちが落ち着いてきたら褒める

子どもが落ち着いてきたと感じたら、「気持ちを話してくれてありがとう、よくわかりました。えらかったね」と伝えましょう。トラブルになって保育者が来たのに褒められるのですから、子どもはさらに安心します。

気持ちがなかなか落ち着かないときは、場所を移してみましょう。その際に大切なのは「先生は怒っていない」「静かな場所で話したい」と冷静に伝えることです。

シングルフォーカスと心の理論の視点から

対応2 ●自分の思いと相手の思いに気づけるように

視点を切り替えられる言葉かけ

子どもの安心感を確認できたら、本人が感じたネガティブなイメージを変えていきます。まずは、それぞれ自分の「思い込み」に気づけるような言葉をかけて、視点を変えるようにしてみましょう。

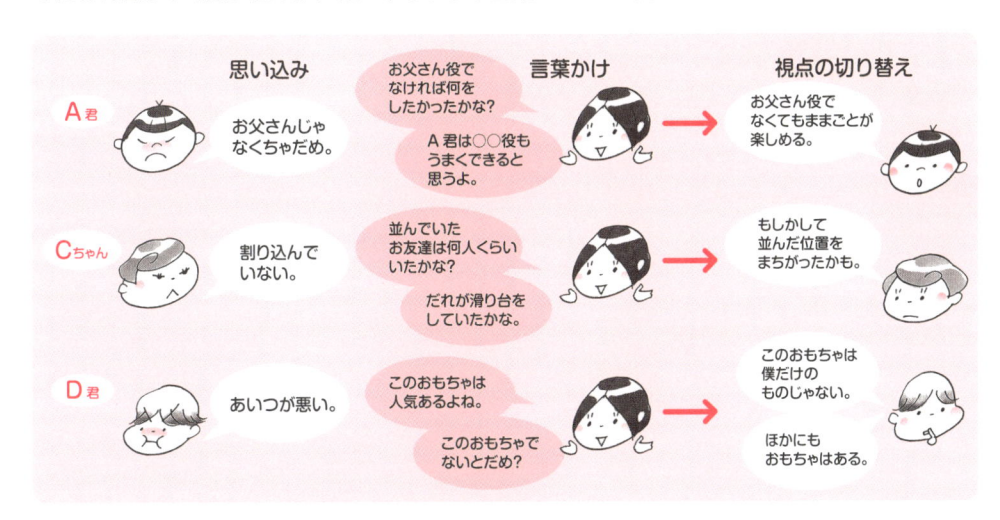

	思い込み	言葉かけ	視点の切り替え
A君	お父さんじゃなくちゃだめ。	お父さん役でなければ何をしたかったかな？ A君は○○役もうまくできると思うよ。	お父さん役でなくてもままごとが楽しめる。
Cちゃん	割り込んでいない。	並んでいたお友達は何人くらいいたかな？ だれが滑り台をしていたかな。	もしかして並んだ位置をまちがったかも。
D君	あいつが悪い。	このおもちゃは人気あるよね。 このおもちゃでないとだめ？	このおもちゃは僕だけのものじゃない。 ほかにもおもちゃはある。

自分の気持ちと相手の気持ちをすり合わせる

気持ちが切り替わったら、相手の気持ちに気づけるように話してみます。自分のことならわかるので、「お父さんをやりたかった」というA君自身の気持ちと同じようにB君もお父さんをやりたかったというすり合わせをします。Cちゃんなら、並んで待っているときの自分の気持ち、D君ならおもちゃであそびたい自分の気持ちです。

いきなり相手の気持ちを理解させるのではなく、自分の気持ちを振り返り、それと相手も同じだったと伝えることで、自分の視点から相手の視点に切り替えられるように話してみます。

話すだけでは理解が難しそうなら、簡単な絵で説明する方法も有効です。

簡単な絵で説明する 次のような絵をかきながら、話をします。

①車であそびたいと思って取りに行ったら……。

②Eちゃんと取り合いになった。僕はあそびたいのに、Eちゃんはずるい。

③車であそびたい僕の気持ちと、Eちゃんの車であそびたい気持ちは同じ。

④車であそびたい気持ちは、僕もEちゃんも同じ。Eちゃんはずるくない。

友達とのトラブルへの対応

支援の背景

ここでの支援の背景には、「シングルフォーカス」と「心の理論」という子どもの発達特性の視点があります。

シングルフォーカスの視点では

●興味のあることだけにフォーカスする

　自分本位な振る舞いになりがちな子どもは、興味のあることに焦点を絞って物事をとらえる傾向にあり、こうした状態を「シングルフォーカス」といいます。木を見て森を見ずという状況で、当然思い込みは強くなり、気持ちの切り替えがしにくくなります。

　例えば絵本の読み聞かせの場面。もしその中にシングルフォーカスの特性のある子どもがいてその本に興味があったら、本にだけフォーカスが当たるので保育者や周りの友達は目に入りにくくなります。本が見たくてその本に突進してしまい、保育者や友達にぶつかることもあります。

　前述のA君も、お父さん役への興味からその役になることだけにフォーカスが当たり、それ以外の状況や考えに意識が向かないということです。Cちゃんの場合も、滑り台と並んでいる子の一部分しか見えていなかったと想定すると、いちばん後ろと思って並んだ所が列の途中だったということもあり得るのです。

　本人は周囲が見えていないわけですから「見えなかった」と言うでしょう。「そんなわけないでしょ」と言いたくなるのですが、決してうそではないということです。58〜59ページの対応にあるように、まずは本人の言い分を受け止めて、安心できたところで、思い込みに気づけるような働きかけが必要です。

シングルフォーカスと心の理論の視点から

心の理論の視点では

●相手の視点に立てるかどうか

「相手の視点に立って物事が理解できるようになる」。この発達が始まる目安は４、５歳ごろといわれ、この発達を「心の理論」と呼びます。心の理論の発達を通過していない子どもは、常に自分視点で物事をとらえるので自己中心的な言動になります。次の課題に正答できるかどうかが、発達を知る一つの目安となります。

ボールの課題

① 女の子が部屋でボールあそびをしています。あそびに飽きた女の子は、ボールをそばにあったかごにしまって外に出かけました。

② そこに弟がやってきて、かごの中のボールを見つけました。弟は明日、そのボールを園に持っていこうと思い、かばんにボールを入れ、外にあそびに行きました。

③ そこへ、外から女の子が戻ってきました。そして、またボールであそぼうとした女の子。かごとかばん、どちらを探すでしょうか？

この課題の答えはもちろん「かご」になります。なぜなら女の子は弟がかばんにボールを移動させたことを知らないからです。つまり、この課題をする子どもは、自分が知っている状況（自分視点）から、登場する女の子の視点（相手の視点）に切り替えなければなりません。相手の立場に立つというのは、こういうことなのです。

４歳でもこの発達を通過していない子どもはいます。５歳になっても相手の視点に切り替えにくい子どももいます。この発達にも個人差があることを忘れずに、この子は「相手の視点に立つ」という発達をとげているか――？　子どもを支援するときにはその判断が大切なのです。相手の視点に立てなかったＤ君も、実はこの心の理論の発達が少し遅れているのかもしれません。

●心の理論を育てるには

もし、心の理論が育っていないなら「相手の気持ちを考えて」や「相手は嫌がっているのがわからないの？」という声かけは通じません。ですから、59ページの対応２にあるように、まず自分の気持ちを振り返ったうえで、その気持ちは相手も同じと伝え、「自分の気持ち（自分視点）」から「相手の気持ち（相手視点）」に切り替えられるよう、段階を踏んで伝える必要があるのです。

その時々の状況を正確に理解して、友達とのかかわりを上手にやりこなすのは、幼児期にはまだ難しいこと。シングルフォーカスの傾向のある子や、心の理論の発達を通過していない子は、なおさらです。丁寧に、視点や気持ちを切り替えていけるよう、大人が手助けしていきましょう。

友達とのトラブル場面は、学ぶためのチャンスの場。保育者がそうした心構えでいることも大切です。

友達とのトラブルへの対応　　　　　　　　　　　　　シングルフォーカスと心の理論の視点から

保護者サポート

友達とのトラブルに悩む保護者には、トラブルの報告だけではなく、その背景にあることについても伝えていくと、「ではどうするか」という前向きな姿勢につながります。

・・・・・・・・・・・・・・・・・・・・・・・・・・・・・・・・・・・・・

●「大人の言動」と「子どもの反応」の関係性について、話してみる

　保護者にとっても、友達と上手にかかわれているかは常に気になるところ。今回紹介した子どもの発達の視点と対応について保護者と共有してみてはいかがでしょう。
　特に、この子どもとの肯定的な関係性を保護者と確認してください。

●大人からの否定的な言動には、
　子どもから否定的な反応が返ってくる

否定 ↔ 否定

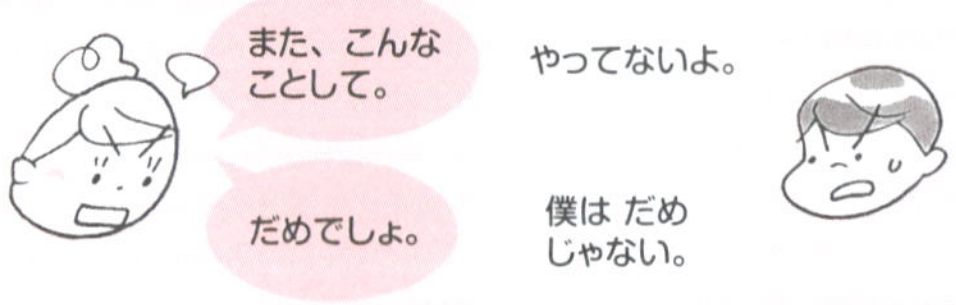

また、こんなことして。　　やってないよ。
だめでしょ。　　　　　　僕は だめ じゃない。

●大人からの肯定的な言動には、
　子どもから肯定的な反応が返ってくる

肯定 ↔ 肯定

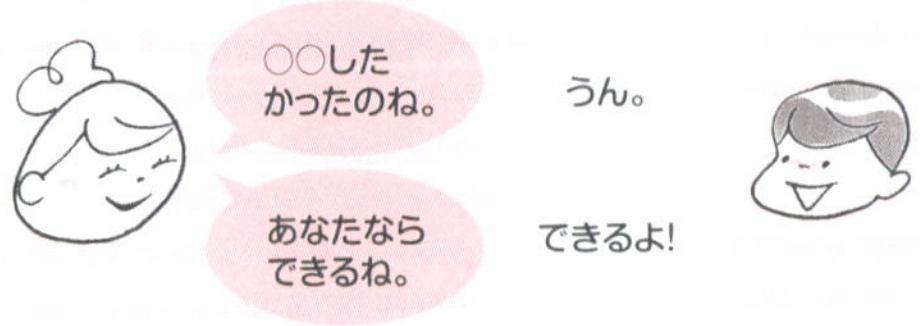

○○したかったのね。　　うん。
あなたならできるね。　　できるよ!

　子どもは、安全だと感じる人には自然に心を開き、素直に相手の言動を受け入れやすくなります。逆に危険だと感じる人には心を閉じ、影響を受けないようにと構えます。日ごろから大人が肯定的な言動をとることで、子どもにとって安全な人となり、その人の言動も受け止めやすくなります。つまり、子どもは大人から学びやすくなるのです。
　保護者会や個人面談などを利用して、伝え方の工夫や安心できる関係づくりについて話してみるとよいでしょう。

8 話を聞く力を育てるために

先生の話を聞けない、落ち着いて授業に取り組めない子どもが多く、先生が対応に苦慮しているという「小1プロブレム」。こうした子どもは園の中でも多く見かけます。就学までに園でできることはなんでしょうか。

視知覚と姿勢保持の視点から

大勢の中で1人の先生の話を聞くというのは、実は、いろいろな発達ができていて初めてできることです。その発達を確認するための「視知覚」と「姿勢保持」の視点から考えます。

話を聞く力を育てるために

子どもの姿と対応

「話が聞けない」という状態をよく見ると、保育者の話に集中できていない子どもと、いすに座っていられない子どもがいます。

タイプ1 話に集中できない子ども

- 保育者の話を落ち着いて聞けない
- 話し手から視線が外れ、あちこちきょろきょろ見ている
- ぼーっとしていて、どこを見ているかわからない

対応

●保育者が大きく動いて話さない

保育者があちらこちら動きながら話すと、子どもはどこを見ればよいのかわからず混乱します。話すときはできるだけ動きを止めるように。また、どの子からも見やすい立ち位置にします。さらに、動くときは動く、話すときは話すというように、動きと話を分けるといいでしょう。

●子どもの座る位置を考える

集中しにくい子は、保育者を正面からとらえられる位置に座るように。横向きや斜めでは視線を向け続けることが難しく、注意がそれやすくなります。また、できるだけ保育者の近くで、ほかの子どもの動きが目に入らないようにすることも大切です。

視知覚と姿勢保持の視点から

●視覚的手がかりも有効に

声かけだけだと視線を向けにくい場合、絵カードを提示してみるのもいいでしょう。

注目カード

「ききます」「はじめます」など。
保育者に注目する習慣がつく。

見通しカード

「あと○分」「あと○つ」など、話の終わりが予測でき、集中が持続。残り時間は、タイマーで直接示しても。

●見て理解する力が向上するあそびを

みるみるゲーム

好きなキャラクターのペープサートを作り、子どもの顔の前で上下左右に動かす。子どもは、その動きを黒目を動かして追いかける（顔を動かさないように）。さらに目頭に向けてゆっくり動かし、寄り目の練習も。

コロコロキャッチ

机の上や床を転がしたいろいろなボールをキャッチ。机の上では大きめの紙コップに入れる、床の上では足裏で踏むなどして、動いているボールをつかまえる。

65

話を聞く力を育てるために

タイプ2　姿勢が保てない子ども

- のけぞるように、もしくは前に折れ曲がるように座っている
- 「背中をまっすぐ」と言うと一瞬直すが、すぐに崩れてしまう

対応
- 姿勢をイメージし、支持して体験する

子どもは、「背中をまっすぐ」「よい姿勢で」という言葉では、具体的にイメージできません。写真や絵で示したうえで、実際に正しい姿勢を作り、感覚的につかめるようにしましょう。保育者は、子どもの腰の上と胸のあたりを挟むようにして押し、ひざや足裏も触って確認します。

話を聞くときの姿勢を絵で。「きちんと座りましょう」と言うよりわかりやすい。

保育者がやってみせても。

視知覚と姿勢保持の視点から

●姿勢作りに役立つ運動

日ごろの保育の中に、自然にはいはいを取り入れましょう。バランスを保ちながら姿勢保持の練習になります。また、あぐらや起き上がりこぼしのあそびも姿勢作りに役立ちます。

はいはいやぞうきんがけ

ずりばい、四つんばい、高ばいなど。頭が下がらずに前を向いて進むことが大切。

あぐら姿勢

猫背になっていないことを意識して。

起き上がりこぼし

体育座りで背中を丸め、寝転んでは前後にゆする。バランスを養い、体の中心を感じることができる。

●ボディイメージをつかみやすくする運動

自分の体に意識が向くような体操や運動も、正しい姿勢を意識させるために有効です。

ぶらぶら、ぐるりん体操

指、手首、ひじ、肩、股関節、ひざ、足首、首など関節を回す体操。体の部位のつながりに意識が向けられます。

おててをぶらぶら。 　　ひざの屈伸。 　　首をぐるりん。

エレベーター体操

背中、股関節、ひざ、足首のほか、太ももやふくらはぎにも感覚が入り、自分の体の位置や状態の理解に役立ちます。

①背中を壁に付けた状態で、ゆっくりとしゃがむ。
②エレベーターのようにゆっくり上がったり下がったり。
③途中で止まって、空気いすのような状態でしばらくストップ！
④10数えた後に「おまけのおまけの……」で、もうひと頑張り。

いろはにこんぺいとう

自分の体の輪郭を意識し、ボディイメージを体験的につかめる運動あそびです。

①2本のゴムを保育者2人で持ち、「♪いろはにこんぺいとう」と唱えながら、ゴムを上下左右に動かす。

②言葉の終わりで手を止め、子どもはゴムが体にふれないようにくぐり抜ける。

※ほかに、2個のフープをいろいろな角度に変えて大人が持ち、子どもはその輪の間をくぐり抜けるフープくぐりも。

67

話を聞く力を育てるために

支援の背景

話を集中して聞くことが難しい子どもの背景には、これまで解説してきた発達特性の多くが関係していますが、ここでは、「視知覚」と「姿勢保持」という2つの視点で見ていきましょう。

視知覚の視点では

●黒目の動きがポイント

視知覚とは、「見たものを正確にとらえ、その意味を理解し考えたり行動したりすること」ですが、ここに苦手さがあると、どこを見ていいのかわからない、または理解できても注目して見続けることができないという姿として表れます。具体的には眼球運動のコントロール、つまり黒目の動き方が関係しています。

子どもは1歳前後に、寄り目ができるようになります。両眼がチームワークを取れるようになるのです。これにより体のバランスを取りやすくなり、物との距離感もつかめるようになります。こうした発達を経て歩行が可能に。つまり、歩行確立には視知覚の発達が必要なのです。

同じころ、ゆっくり動く物を追ったり、音のする方をさっと見たりすることもできるようになりますが、これも黒目の動きが関係しています。

黒目のコントロールが自身で適切にできることは、**①見続ける力、②必要なものを選択して見る力、③見るべきことに注意を切り替える力**の基となります。これらの力は学校での授業において重要だとわかるでしょう。

しかし、黒目の動きが3歳を過ぎてもうまくできない子どももいます。その場合、65ページで紹介したような視知覚の向上するあそびを行っていくとよいでしょう。

視知覚と姿勢保持の視点から

姿勢保持の視点では

●「正しい姿勢」を体感しよう

　腰が後ろに傾きがちだと背骨も曲がり、猫背になります。首もやや前に傾き、この姿勢は非常に疲れます。腰をやや前傾イメージで座るように子どもに伝えましょう。わかりにくい場合は66ページのように大人が体を支え、正しい姿勢の感覚を体験できるようにします。

　姿勢を保つためには体のバランス感覚も大切です。座った姿勢で足を交互にゆっくりと上げてみましょう。そのとき、上半身が大きく傾かずに背筋を伸ばしたままバランスを保つことができるかを見てみます（右図）。子どもはこのとき、体の中心（正中線）を感じることができます。この体の中心を感じることが姿勢保持のためには重要なのです。

●座ることに苦手さがある

　学校での授業では、約45分間着席していることが必要になりますが、座ることに苦手さがあると疲れやすく、話を聞けない、勉強に集中できない、座っていられないということになってしまいます。32ページで解説した体の中にある感覚（固有覚や前庭覚）が感じにくいため姿勢が崩れやすいということも考えられます。正しい姿勢をイメージできない、イメージできても実際に体をどう動かせばいいのか、どのくらい力を入れればいいのかがわからないのです。これらの感覚を刺激するような運動やあそびを取り入れることが、姿勢保持につながっていきます。

→ P.31 も見てみよう！

●落ち着いて座っていられないときの対処法

　いすに座っていることが苦手で、足をバタバタしたり急に立ち上がったりしてしまう子がいますね。感覚が入りにくく、刺激を求めての行動であることも多いので、そういった子どもには、座りながら感覚を満たす方法を教えるのも一つの方法です。最初は保育者が手伝いながら、子どもが好む感覚を一緒に探し、「体がムズムズしてきたら、自分で好きな感覚を取り入れる」というセルフコントロールを学ぶということです。

手や腕などをギュッギュッと握る。 　　　肩や背中、ひざなどをトントンとたたく。　　　頭を指でマッサージ。

話を聞く力を育てるために　　　　　　　　　　　　　視知覚と姿勢保持の視点から

保護者サポート

就学を意識し始めた保護者はもちろん、まだ意識していない保護者にも、「話を聞く力」の必要性は伝わりやすいはず。家庭でできる方法を伝えましょう。

●お手伝いで「話を聞く力」を育てる

　話を集中して聞けない、姿勢が崩れやすい子どもには、お手伝いを生かして、視知覚や姿勢保持を練習する方法を提案してみましょう。毎日の生活に取り入れられるお手伝いを、練習を兼ねてお願いするとよいですね。大人から感謝されることで子どもは気分よくできるものです。長期休みにお手伝いを勧める幼稚園の場合は、そのタイミングで伝えるのもよいでしょう。

洗濯物を干す
自分の背よりやや高い位置に手を伸ばして、洗濯ばさみに靴下などの洗濯物を挟む動作を。

ぞうきんがけ
廊下など、少し距離のある場所を行ったり来たり、上半身と下半身をバランスよく使ってふき掃除。

重さのある物を持ち運ぶ
新聞紙の束やかごに入ったおもちゃなど、両手で持って運ぶことで、体の中心を感じて、バランスを保ちながら歩く。

テーブルや窓をふく
テーブルや窓ガラスを上下、左右にふく。力を入れて、ひじを曲げ伸ばししながらしっかりふき、その際、目で手の動きを追うように伝える。

9 0.1.2歳の気になる子どものために

保育園を訪問すると、0歳児から発達が気になる子どもの相談を受けます。「様子を見ましょう」と言われがちな年齢ですが、今からできる支援があるなら、ぜひ知りたい。0〜2歳児を担当する保育者さんの切なる思いです。

身体機能の発達と共同注意の視点から

0〜2歳児において「気になる」のは、主に体の動かし方と人とのかかわり方です。これらは、身体的な機能発達と、「共同注意」という社会性の発達の2つの視点から考えていくとよいでしょう。

0.1.2歳の気になる子どものために

子どもの姿と対応

気になる子は、「発達のリスクがある子ども」と仮説を立て、経過を見るだけでなく積極的にかかわり方の工夫をしてみましょう。心配しすぎることはありませんが、その子のリスクに応じた配慮が大切です。

0〜1歳児

※心身ともに発達の著しい時期のため、0〜1歳児と2歳児に分けて解説します。

タイプ1　触られることを嫌がる

- 人から触られることを嫌がる
- 抱っこをすると、のけぞる
- おむつ交換を嫌がって泣く

対応

● **子どもの好きな感覚を見つける**

触られるのが嫌でも、部位によっては大丈夫な所があるかもしれません。また、直接触るのがだめなら、ふわふわなケットで包んでみる、おんぶが大丈夫なら、そこから接触を試みるなど、少しずつ触られることに慣れてもらいます。

おむつ交換のときは、急に感覚が変わるので、タオルで腰のあたりを包んでおく、大人の手を温めておくなどの工夫をしてみましょう。

身体機能の発達と共同注意の視点から

タイプ2 動きや姿勢が気になる

- 首のすわりが悪い
- 寝返りがなかなかできない
- お座りで背が丸まって姿勢が保てない
- おんぶや抱っこをすると、だらんとしてしっくりこない
- 体の動かし方がぎこちなく、生活動作がうまくできない

対応 ●肩と腰を動かすあそび

この時期の身体機能発達には、肩と腰の動きが重要です。自由に柔軟に動かせるような運動を工夫してみましょう。

肩の運動

寝転んだ状態で、おもちゃなど興味のある物を使って、子どもが上にまっすぐ手を伸ばすように誘導します。次に、左右、上下に動かして。子どもが肩を使って手を動かすように誘うのがポイント。肩の関節に力が入りすぎないように。

腰の運動

寝転んだ状態で、両足からおしりを軽く持って支え、体全体を心地よいリズムで左右に揺らします。空腹時・満腹時・熟睡時は避け、20回程度を目安に。腰から背骨に心地よい刺激を与えます。

0.1.2歳の気になる子どものために

0〜1歳児　タイプ3

大人とのやり取りが希薄

- 視線が合いにくい
- 名前を呼んでも返事をしない
- 1人で黙々とあそんでいる
- 表情が乏しい

対応 ●やり取りあそび

「視線を合わせると楽しいことが起こる」というつながりを理解できるようなあそびをしてみましょう。

風船あそび　※風船は、普通の風船でもよいが、ゆっくり回りながらしぼんでいく風船のほうがあそびやすい。

①保育者は、子どもが見ているのを確認してから風船を膨らませる。

（膨らんでいく様子を興味深く見ているか、確認。）

②膨らんだ風船を、飛ばしてみせる。子どもは、その動きを楽しく目で追う。スピードが速くて追えない場合も、落ちた所を確認できるように保育者が指さしなどで伝える。

③子どもが自分から風船を拾いに行く。行かない場合は、「拾ってきて」と伝え、それでも行かない場合は、保育者が拾って手渡す。

④子どもは自分で風船を膨らませようとするが、できない。このあそびが面白ければ必ず保育者に「ふくらませて」というように差し出すので、そのときに視線を合わせ、合った瞬間に大人が風船を膨らませてみせる。①〜④を繰り返しあそぶ。

そのほか0〜1歳児の気になる姿
- 人との自然なやり取りの中で、うなずき（首を縦に振る）や否定（首を横に振る）動作が出ない
- 名前を呼ばれたときに「ん？」「え？」というような返事をする表情、しぐさがない
- バイバイするときにてのひらを自分の方に向けて振る　　など

身体機能の発達と共同注意の視点から

2歳児

タイプ1 手指の動作がぎごちない

- 手づかみ食べが多い
- スプーンでうまくすくえない
- 積み木やひも通しなど、手先を使ったあそびが苦手

対応1 ●手のリラクゼーション

手指の動作がぎごちない子どもには、マッサージで手をやわらかくほぐしてあげましょう。

てのひら

①子どもは手を開き、大人が両手でその手を持ち、てのひらに左右の親指を当て、てのひらが気持ちよく伸びるように親指を左右にスライドさせながらマッサージ。
②次に、上から下にマッサージ。このとき、子どもの親指がしっかり外側に開くように意識する。
③その後、子どもの手をグーにしてもらう。このとき親指が外側になるように促す。

※子どもの親指が硬く内側に入るようだと、指がうまく使えない。

手首

①子どもは手を開き、大人は親指と人差し指で輪を作るように子どもの手首を持つ。
②子どもの様子を見ながら、左右・前後に手首を曲げてみる。
③楽しそうに応じていたら、ぐるぐると回転させる。
④親指が一番外側にくるようにして手を握ってもらい、①〜③の動きを行う。

対応2 ●手指を使ったあそび

手指を使ってあそぶおもちゃをいろいろ用意しておきましょう。

洗濯ばさみを付けたり外したり。指先をたくさん使うあそび。

木の棒に木製の玉を通していく。棒がしっかりしているので、ひも通しより楽にできる。

リンゴに付いたひもの輪を、ボタンにかけたり外したりしてあそぶ布おもちゃ。保育室の壁の低い位置にあり、いつでもあそべる。

→ P.7も見てみよう！

0.1.2歳の気になる子どものために

2歳児

タイプ2　言葉の理解がよくない

- 人の話をあまり聞こうとしない
- 大人の指示がなかなか入らない

※この時期、「寒いから、上着をきるよ」「お外に行くから、靴を履くよ」など2つの内容が入った指示を理解して行動できるようになるが、それがなかなか入らない。

タイプ3　発語がない、少ない

- 意味のある言葉があまり出ない
- 口数が少ないという印象

※2歳児の場合、発語の数は300前後といわれる。

対応

●**理解できる言葉を増やす**

理解できる言葉が増え、伝えたいという気持ちが育てば、発語は増えていきます。そのためには、大人がやって見せることで、言葉とイメージを一致させることが大切。

イメージをもちにくい子の場合は、絵や写真のカードを見せながら言葉で伝える方法もいいでしょう。カードは、身近な物から用意して、一つ一つ言葉だけで理解ができているのかを確認します。2歳児なら、100くらい獲得していることが確認できるとよいでしょう。

絵カードで、子どもの発達を確認してみよう

＜1歳半の発達＞
・身近な物の絵カードを6枚用意（例…ボール・ねこ・車など）。
・保育者はカードを並べて見せ、「○○はどれ?」と聞いてみる。子どもが正解を指さすことができればOK。指さしたときに、確認するように保育者の目を見たらさらにOK。

＜2歳の発達＞
・日ごろ使っている生活用品の絵カードを6枚用意（例…帽子、はさみ、鉛筆、いすなど）
・保育者はカードを並べて、「かぶるのはどれ?」と物の用途について聞く。後は、指さしと視線の使い方を観察する。

1歳半も2歳も、6枚のうち4枚できていればOKとします。

身体機能の発達と共同注意の視点から

タイプ4　人とのかかわりが薄い

- あまり人とかかわらず、1人あそびが多い
- 言葉以外のコミュニケーション、視線、表情やしぐさなどで通じ合う感じがない
- うれしい気持ちや興味をわかり合おうとする共感性がもてない

対応　●おもちゃを介してやり取りあそび

人とのかかわりをつなぐため、まず保育者と1対1で、好きなおもちゃを間においてやり取りします。このあそびを、友達を交えてやってみましょう。その中で自然に、楽しい気持ちを共有したり、友達とも視線を交わしたりできるでしょう。保育者とその子を中心に、友達も一緒にあそぶ……そして、同じパターンで繰り返しあそぶのです。

そのほか2歳児の気になる姿
- 手をひらひら振る、ピョンピョン跳びはねる、くるくる回るなど、繰り返しのある動作を目的もなく行う行動（常同行動）が見られる
- 決まったパターンが変化するとかんしゃくを起こす　　など

0.1.2歳の気になる子どものために

支援の背景

ここでの支援の背景には、「身体機能の発達」と「共同注意」の視点があります。

身体機能の発達の視点から

●0歳児の体の発達過程で気になること

身体機能的に大きな変化をとげる0歳児期。その発達過程において、何か気になる……首のすわりが悪い、おんぶや抱っこをしても体がしっくりこない、はいはいをしないといった姿が見られる子どもは、32ページで解説した固有覚と前庭覚という体の内側に入る感覚が感じにくいのが原因の一つと考えられます。

抱っこされるにしても、お座りをするにしても、関節や筋肉に適切な力を入れて動かし、体の部位を運動に応じた位置に整えます。しかし、適切な力の入れ方、位置の整え方がわかりにくいのです(極端に言うと、無重力の状態では、どこに力を入れればいいのか、体の位置がどうなっているのかわからないことに似ています)。

ですから、かかわる大人は、体がぐにゃぐにゃに感じたり、力の入れすぎで硬く感じたりします。こういう場合は、ベビーマッサージなどでしっかりと感覚を入れる、もしくは、硬くなっている体をほぐすことも大切です。

●触覚の発達を促す

0~2歳児は愛着形成においてもスキンシップが大切な時期ですが、人からふれられることを好まず、時に嫌がる子どもがいます。これには、触覚の発達が大きく関係します。

触覚の働きには「その物が安全かどうか判断する＝原始的な働き」と「ふれた物が何なのか判断する＝識別的な働き」があります。赤ちゃんのころは、原始的な働きが優位で、ふれる物を本能的に安全、危険と判断します。子どもによっては、ママのおっぱい以外はどれも危険と判断してしまうこともあります。

成長とともに触った感じにより、固い、温かい、柔らかいなど識別ができるようになり、「ちくちくは危険だけど、ふわふわは安全」など理解できるようになります。そうなると原始的な働きより識別的な働きが優位となり、ふれる物への不安は軽減します。しかし、この識別的な働きが育たないもしくは原始的な働きが強すぎる状態が続くと、いつまでも、ママのおっぱい以外は危険で不快な物という理解になるのです。

対応としては、子どもが自分からふれる物を探してみましょう。人からふれられるのは嫌でも自分からふれる物なら安心なのです。そして、それと素材や形状が似ている物を用意し、自分からふれる体験を増やし、識別的な働きを育ててみましょう。

また、子どもが触った物の上から、子どもの手を大人がふれてみましょう。嫌がらなければしめたものです。安心して触っている物と、人の触覚を組み合わせてみるのです。そのときのコツは、そーっとではなく、ギュッと圧を入れるような触り方のほうがよいといわれています。

身体機能の発達と共同注意の視点から

●手先の不器用さも気になり始める

　1～2歳は、手の操作が巧みになる時期。例えば、スプーンを上から握っていたのが、親指、人差し指、中指を使って握るようになり、手首の操作もスムーズになるでしょう。そんな中、手づかみで食べたり、手先を使うあそびに興味を示さなかったりすると、やはり気になります。

　手先の操作性を向上させるためには、マッサージなどによるリラクゼーションが効果的です。手先が不器用な子どもの場合、手指が硬くなっていることが多いので、マッサージでほぐすことで、なめらかな動きが期待できます。また、手指を使ったあそびをたくさん用意しておくことも大切。自分から楽しくあそぶことが、子どもの機能発達を促します。

共同注意の視点から

●視線の交わし方がしっくりこない

　発達は順調で、理解もよいし、困った行動もない、でも気になる……。そう感じる要因として、微妙なコミュニケーションのズレがあります。この時期、そのことを強く感じられるのが視線の使い方。楽しいとき、不安なとき、要求するとき、名前を呼ばれたときなど、子どもは大人と視線を交わしながら確認し、安心し、気持ちを共有します。しかし、その視線の交わし方がしっくりこないのです。

　表情や身振り手振りも重要です。この言葉以外のコミュニケーション（非言語コミュニケーション）の質がよくないと感じた場合、「気になる子」という認識になるのです。

●共同注意からやり取りあそびへ

　生後8か月ごろより「共同注意」という発達が見られます。これは、自分の注意を大人と共有したいという、子どもから周囲に働きかけるコミュニケーションの第一歩といわれています。

　その後1歳になると身近な大人とのやり取りあそびができるようになります。相手からの働きかけを楽しむとともに、大人の反応を予測、期待し、わくわくして繰り返しあそぶのです。

　このような繰り返しのやり取りあそびをソーシャルルーティンのあそびといい、このとき子どもは、自然に大人と視線を合わせて楽しい気持ちを共有、

三項関係とやり取りあそび

①本来子どもと大人は間に何もなくてもやり取りが成立します。
　子ども ⇌ 大人

②ところが人への関心が薄い場合、大人からの一方通行。図のような状況が生まれます。
　子ども ← 大人

③そのために、その子の興味のある遊具を間に入れます。これが三項関係となります。
　子ども ← 大人
　　　↘ 三項関係 ↙
　　　　物

④このときはまだ、子どもは「物」に注目していますが、その「物」を大人が扱うことにより、「大人」に気づきます。また、物を使ってあそびたいので、大人とやり取りするようになります。
　子ども ⇌ 大人
　　　↘　↙
　　　　物

⑤このやり取りを繰り返すことで、人への関心も生まれます。そして、物がなくても人とのやり取りあそびが成立することを促します。
　子ども ⇌ 大人

※ P.74で紹介した風船あそびはこの考え方に基づいています。

共感性をはぐくみます。典型的なあそびが「いないいないばあ」ですが、人への関心が希薄な子どもはこのあそびが成立しにくく、共感性も育ちにくいということになりがちです。

●三項関係を使ってやり取りをはぐくむ

　やり取りあそびが成立しにくい場合、その子の好きな物（おもちゃなど）を間に置くといいでしょう。

79

0.1.2 歳の気になる子どものために　　　身体機能の発達と共同注意の視点から

保護者サポート

1、2歳児は自我の芽生えとともに、「いや」「やだ」が多くなり、対応に悩む保護者からの相談も多くなります。

●子どものこだわりには、「無理せず、ほうっておかず」が基本の対応

2歳ごろの子どもの相談として、「こだわりがあって、そのこだわりがかなわないとかんしゃくを起こす」というものがあります。

こだわりの強さと、生活にどのくらい支障が出ているのかで個々にアドバイスは違うのですが、基本的な回答としては、「無理せず、ほうっておかず」ということです。無理にそのこだわりをやめさせるのもいけないし、かといってこだわっているのだから仕方ないとほうっておくのもよくありません。あくまで子どもの様子を見ながらですが、こだわりは尊重しつつ、ここだけは譲って……と少し我慢をしてもらう、という方法です。

例えば……

【A君の場合】

ミニカーの置き方にこだわりがあり、少しでもその場所を人が動かそうものなら怒り出します。
お母さんは、「あなたの置き方はわかったから、必ず元通りに置くから、今掃除をするときだけは場所を変えてほしい」とお願いし、譲ってもらうことに成功しました。

【Bちゃんの場合】

園に行く道順にこだわっていました。お母さんが「今日は、ポストに郵便物を入れたいから、いつもと違う道を行きたい」とお願いしました。「また明日からは、いつもの道を行くから」と。
最初は嫌がっていたBちゃんでしたが、譲ってくれました。少し泣いて騒ぎましたが、気持ちを切り替えてくれたのです。それからは、郵便物を入れるときだけは違う道で行くことに応じられるようになりました。

10 就学先を考えるために

文部科学省が平成24年に行った調査※によると、「知的な遅れはないものの、学習面または行動面で著しい困難を示すとされた児童・生徒」が、小学校全体では7.7％、1年生では9.8％という数値が出ています。

※「通常の学級に在籍する発達障害の可能性のある特別な教育的支援を必要とする児童生徒に関する調査」（全国の公立小・中学校の通常の学級の担任が回答）

知的能力と集団適応の視点から

子どもの就学先を考えるときに必要な「知的能力」と「集団適応」の視点を知り、子どもと保護者をサポートしていきましょう。

就学先を考えるために

子どもの姿と対応

就学が近づくと、あらためて一人一人の姿を見直し、不安になることも。特に就学後が心配になるのは、どんな子どもでしょうか。

就学に不安のある子ども

- 落ち着いていすに座ったり、話を聞いたりするのが苦手
- 言葉で伝えられなかったり、逆に主張が強すぎたりして、友達とトラブルになることが多い
- 生活習慣が自立していない

対応 ● 就学先決定までの流れや学校教育のシステムを知り、子どもの状況を保護者と共有しながら支援する

　学校の選択は、本人の状況と保護者の願い、各地域の学校システムのあり方など、総合的に検討され決められます。就学先について相談されたときには、保護者の気持ちを十分に聞き取るとともに、学校選択に迷われている場合には、今の子どもの状況を伝えたうえで、地域の就学相談を利用するよう勧めてみましょう。

知的能力と集団適応の視点から

> **就学先決定までの流れ**

心身に障がいがある、気になる様子が見られるなどで、就学への不安がある場合、保護者の各自治体への申し込みによって、就学相談を行います。このしくみは自治体によって異なりますが、就学相談を申し込んだ場合、就学先決定まで主に以下のような経過をたどります。

① **就学相談**…相談員との面接、臨床心理士による検査、医師問診による状況把握

↓

② **訪問観察**…相談員らが、園を訪問し、子どもの普段の様子を観察

↓

③ **就学指導協議会**…特別支援学級設置校校長や学級担任など専門家による協議

↓

④ **保護者面接**…協議会での判断を保護者に伝え、十分に話し合う

↓

⑤ **就学先の決定**

就学相談の意義 ～相談員の役割～

就学相談から一連の支援には専門の相談員が当たります。
その際、次の3つを支援の意義としています。

1. 保護者が、子どもの状態を正しく受け止められるように
相談員は、保護者の子どもに対する理解や願いを聞き取り、必要に応じて子どもがかかわってきた関係機関からも情報を集める。そして、今後の子どもの発達や支援について保護者と考えを共有することで、保護者が子どもの状態を正しく受け止められるようにする。

2. 保護者の精神的支えになる
保護者の不安や悩みに耳を傾け、寄り添う。保護者が自身の不安や悩みを聞いてもらえたことで、支えられていると実感し、心の安らぎを得られるように。

3. 就学先とつないでいく
就学支援を継続する間、相談員は保護者と協働しながら、子どもの育ちを支援するキーパーソンとなる。そして、就学先でのキーパーソンはだれか、どんなリソースが活用できるかなどの把握、整理をして、保護者へ情報を提供する。

就学先を考えるために

特別支援教育と学校のシステム

特別支援教育は次の通り定義されています。

> 「特別支援教育」とは、障害のある幼児児童生徒の自立や社会参加に向けた主体的な取組を支援するという視点に立ち、幼児児童生徒一人一人の教育的ニーズを把握し、その持てる力を高め、生活や学習上の困難を改善又は克服するため、適切な指導及び必要な支援を行うものである。
> （「特別支援教育を推進するための制度の在り方について」 平成17年文部科学省 答申より）

この教育を実現するため今の小学校で用意されているシステムには、「通常の学級」「特別支援学級」「特別支援学校」の3つがあります。このうち特別支援学級には知的障がい児学級と自閉症・情緒障がい児学級があり、知的障がい児学級には知的に遅れのある子どもが、自閉症・情緒障がい児学級には知的に遅れのない子どもが行くことになります。知的に遅れのない子どもでも、大きな集団だと生活の困難さが大きいという場合、特別支援学級を選択します。

特別支援学校

視覚障がい、聴覚障がい、知的障がい、肢体不自由、病弱のある児童生徒が対象。幼稚部、小学部、中等部、高等部があり、幼稚園、小・中学校、高等学校に準ずる教育を行うとともに、障がいによる学習上・生活上の困難を克服し自立を図るために必要な知識技能を授けることを目的としている。

小学校

特別支援学級

知的障がい、肢体不自由、病弱・身体虚弱、弱視、難聴、言語障がい、自閉症・情緒障がいなどのある児童生徒を対象とし、発達の状態により特別な支援に柔軟に応じる教育を目標とする。小・中学校に置かれ、少人数の学級（上限8人）に複数の担任を配置。大きくは以下2つの学級に分かれる。

＜知的障がい児学級＞
知的発達の遅れがあり、他人との意思疎通に軽度の困難があり、日常生活を営むのに一部援助が必要で、社会生活への適応が難しい児童生徒に対して、小集団もしくは個別の教育を行う。

＜自閉症・情緒障がい児学級＞
知的な遅れを伴わず、自閉症のほか情緒障がいのある児童生徒が対象。自閉症については、言語の理解と使用や場に応じた適切な行動などの指導が行われ、心因性の選択性かん黙については、安心できる環境の中で情緒安定のための指導を行う。

通常の学級

通級による指導
（通級指導教室）
言語障がい、自閉症、情緒障がい、弱視、難聴、LD、ADHDなどのある児童生徒が対象。基本的には、通常の学級で授業を受け、必要に応じて週に半日程度通常の学級から離れて通う。対人関係や社会性、行動面などの問題の改善と環境への適応を目標とし、自立活動を中心に、必要に応じて各教科の補充指導を小集団または個別で行う。

知的能力と集団適応の視点から

就学先決定の背景

就学先を決定する際、協議にかかわる専門家は、主に「知的能力」と「集団適応」の２つの視点から、子どもを観察しています。

知的能力の視点では

●一般的な検査のしくみ

子どもの発達が年齢相応か否かを判断するための「知的能力」は、標準化された発達検査や知能検査で測ります。

発達指数や知能指数という数値で、平均的な発達をしているか、それともさらに発達が進んでいるのか、発達がゆっくりしているのかが評価されます。例えば、「田中ビネー検査」では、IQ（知能指数）がわかりますが、平均を100として、80以下だと発達がゆっくりなので、年齢相応の対応で発達を支えていくのは難しいという判断になります。

●発達の凸凹を見ることも重要

また、検査によっては、その子の中でどの能力が強くて、何が弱いかをみるものもあります。発達の凸凹を見るという視点です。

知的能力は、すべて脳の働きによって進んでいきます。脳の各部位はそれぞれに役割があり、いろいろな仕事を担いながら総合的に働いていますが、この役割や働きは、部位によって性能が異なります。つまり、１つの脳の中でも、高性能の働きをするところ、普通のところ、あまりうまく仕事をしないところがあるのです。これが、だれにでもある知的能力の凸凹になるのです。

この凸凹は、人によってあまり差がなかったり、とても差が大きかったりします。差があまりない場合は、「得意」と「苦手」というとらえになりますが、

凹 ←　　　　　　　　　　　　　　　→ 凸
障がい　　苦手　　　得意　　　才能

その差がとても大きいと、凸は「才能」として能力が高い部分ととらえられ、凹は生活するうえでも支障が出る「障がい」というとらえになります。

顔が一人一人違うように、脳の働き方も一人一人異なります。つまり、知的能力の凸凹はだれにでもあり、そのあり方は一人として同じではないのです。

それぞれがその人の「知的能力」なので、優劣をつけるべきものではありませんが、その知的能力に応じた学習スタイルを選択する必要があります。知的能力が一定の基準に達していない場合は、少人数の集団で、丁寧にその子のペースに応じた教育をするシステムを選択するべきだと思います。

85

就学先を考えるために

集団適応の視点では

●集団でやっていけるか？　を見る

就学したら、35名程度のクラスの中で、

- ●先生の話を着席して聞き、理解し行動することができる
- ●学校でのルールを守り、苦手なことにも取り組むことができる
- ●着替えや食事などの基本的生活習慣が自立し、身辺整理ができる

ということが必要となります。発達の大きな遅れがなくても、そうした「集団適応」ができるか、難しいかで判断することが必要です。

●その子に合った教育・学習スタイルを

　入学当初は新しい環境に慣れないため、難しさもありますが、1か月たつころには学校生活に慣れ「集団適応」ができるようになってくるでしょう。しかし、慣れるか否かの問題ではなく、気持ちや行動のコントロールが難しく、集中力も維持できない、不注意や不器用さも大きく身辺自立がままならないという場合、特別な支援が必要だろうということになります。

　また、小さな集団で刺激が少ない環境なら能力が発揮されるのに、大きな集団になるとそれが難しくなるということもあります。この場合も、子どもに合った教育環境や、学習スタイルを検討しなければなりません。

　このように、知的能力と集団適応の視点で子どもの発達を評価し、その子の状況に応じた学習システムを用意できる学校、学級を選択することになります。

　では、次のページから、それぞれ異なる発達特性のある4人の子どもたちを例に、「知的能力」と「集団適応」の視点、また「保護者の願い」を合わせて、就学先がどう決まっていくのかを見てみましょう。84ページの「特別支援教育と学校のシステム」の内容も参照してください。

知的能力と集団適応の視点から

A君
とても活発でよく動き回る。自分の意見が通らないと、怒って乱暴になったり、衝動的に動いてけがをすることも。

保育者の思い
知的には遅れがなく、いろいろなことをよく理解して行動することができます。心配なのは、授業中落ち着いて座っていられるのか、友達とトラブルなく学校生活を送れるかということです。

保護者の願い
通常の学級に進学すると、45分の授業を4時間程度受けることになるのはとても心配です。休み時間も、友達とうまく過ごせるかが不安。それでも、通常の学級で勉強しながら、必要な社会性も学んでほしいと願っています。

↓

就学相談・判定
知能検査では、標準以上の知的発達をしているという結果になりましたが、行動観察で集団適応行動に不安があると判断されました。通常の学級だけでこの集団適応力や必要な社会性をはぐくむのは難しさがあると判断されます。しかし、保護者の通常の学級への強い希望もあり、通常の学級に在籍しながら、週に1回通級指導教室を利用するという判定になりました。

通級指導教室でA君は……
5、6人程度で行うコミュニケーションゲームを通して、温かい言葉でやり取りすること、集中して勉強に取り組めるように「見る力」「聞く力」を向上させるエクササイズなどを体験学習します。

Bちゃん
おおらかでいつも笑顔。ぼーっとしがちで落とし物が多く、不注意でよくぶつかったり、トイレを失敗したりすることも。

保育者の思い
とても明るくおおらかなBちゃんですが、物事の理解がゆっくりではないかと感じています。不注意な言動も多く、トイレの失敗も時々あるので、自立した学校生活が送れるのか心配です。

保護者の願い
Bちゃんの明るくおおらかな長所をなくさずに、楽しく学校生活を送ってほしいと思っています。30人以上の子どもと一緒に学習することの難しさも感じていて、もう少し小さな集団での学習スタイルが本人には合っていると考えています。

↓

就学相談・判定
知能検査を受けたところ、1歳程度発達に遅れがあることがわかりました。トイレや着替えなどの基本的生活習慣も、部分的に大人の手助けが必要です。保護者も、本人に合った学習スタイルが保障されている学級を希望されていたので、特別支援学級（知的障がい児学級）への進学という判定になりました。

特別支援学級でBちゃんは……
少人数または個別指導によって、Bちゃんの理解度に合わせながら学習を進めることとなります。また、生活面においても、個別に対応しながら、自立に向けて支援していきます。

就学先を考えるために

C君
まじめできちんとした子ども。思ったことはすぐに口にし、口調もきついため、友達とトラブルになることも。

保育者の思い
知的には遅れがなく、基本的生活習慣もきちんとできます。集団行動もとれますが、ルールに厳密だったり、自分の考えと違う意見に対して文句を言ったり、見通しと違うことが起こると怒ったりします。新しい環境の中で、適応していけるかどうかが心配です。

保護者の願い
家では、時に頑固に自分の言い分を通そうとすることはありますが、特に困っていることはなく、きちんとできる子と感じているので通常の学級への就学を望んでいます。

↓

就学相談・判定
知能検査では知的な遅れはないということがわかりました。自分視点が強いので、周囲に合わせて行動することの苦手さが観察されましたが、大人の適切な支援で集団適応行動はとれると考えられました。保護者も、通常の学級を望んでいたので、本人の特性を学校側に丁寧に伝え、支援・配慮をお願いすることとし、通常の学級への就学の判定になりました。

通常の学級でC君は……
スクールカウンセラー、もしくは特別支援コーディネーターが学期ごとに、C君の様子を観察し、支援のあり方を担任と保護者と検討します。個別の指導計画を立案し情報を共有します。

Dちゃん
不安が強く、能動的に動くことは少ないが、言われたことはきちんとやろうとする。一度落ち込むと、気持ちの切り替えが難しい。

保育者の思い
集団場面では不安が大きく実力が発揮されにくいのですが、個別に対応すると理解はよく、自分の気持ちや考えもゆっくりですが伝えることができます。しかし、感覚の過敏さが大きいので、30人以上のクラスで安心して勉強に取り組むことができるのか心配です。

保護者の願い
のんびりペースですが家庭では、安定して過ごせるし、理解も良好です。その反面、集団生活ではとても不安が強く、緊張してしまうので、小さな集団で本人のペースを大切にした学習をさせたいと願っています。

↓

就学相談・判定
知能検査では、発達の遅れはないということでしたが、不安が大きく小集団での学習スタイルが適していると評価されました。特別支援学級（自閉症・情緒障がい児学級）の判定になりました。

特別支援学級でDちゃんは……
小集団での安心できる雰囲気の中で、落ち着いて学習できるよう支援していきます。それによって安定を図ることができたら、学科によっては通常の学級で授業を受けることにします（交流学級）。

知的能力と集団適応の視点から

保護者サポート

就学先の選択に悩む保護者に、保育者はどう対応したらよいのでしょうか。大切なポイントを挙げてみました。

● **子どもの状況を共有する**

気になる子どもの保護者とは、子どもの状況を知的能力と集団適応の視点から共有しておくことが求められます。共有するときのポイントは、

- まず、「できること」を伝える
- 次に、「できないこと」を伝える

ここで大事なのは、そのときの配慮を添えて伝えること。つまり、「配慮すればできること」として確認するのです。

就学については、保護者それぞれの考えや思いがあり、一律に線引きできないのが現状です。ですから、集団場面での子どもの状況を保護者に伝え、理解を進めてもらうことを考えましょう。

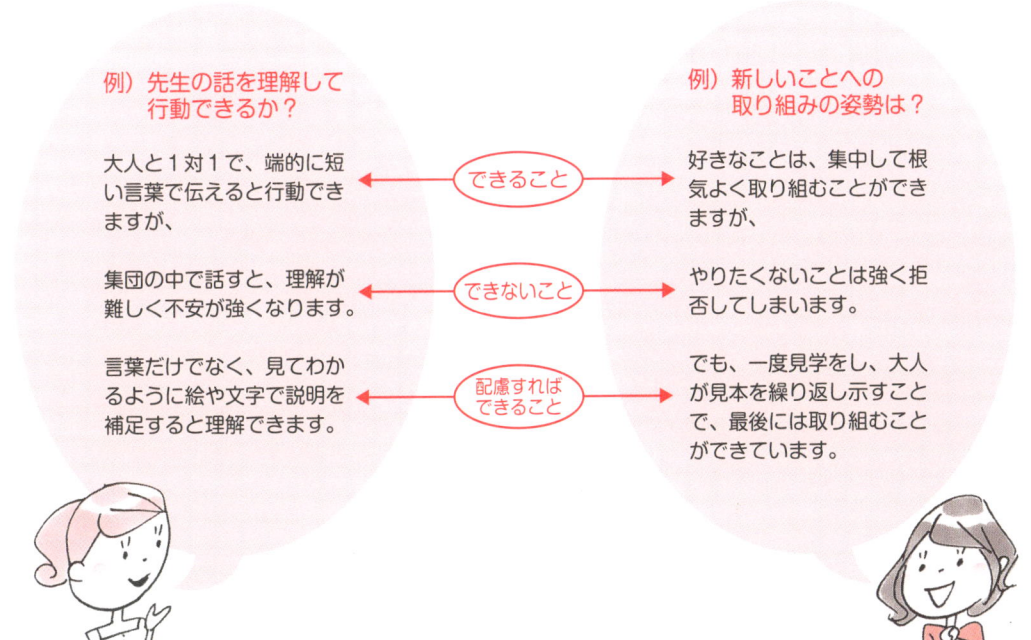

例）先生の話を理解して行動できるか？

できること
大人と1対1で、端的に短い言葉で伝えると行動できますが、

できないこと
集団の中で話すと、理解が難しく不安が強くなります。

配慮すればできること
言葉だけでなく、見てわかるように絵や文字で説明を補足すると理解できます。

例）新しいことへの取り組みの姿勢は？

できること
好きなことは、集中して根気よく取り組むことができますが、

できないこと
やりたくないことは強く拒否してしまいます。

配慮すればできること
でも、一度見学をし、大人が見本を繰り返し示すことで、最後には取り組むことができています。

就学先を考えるために

知的能力と集団適応の視点から

●揺れ動く保護者の思いに寄り添って

　子どもに特別な支援が必要と思っても、特別支援教育のシステムがわからない保護者も多く、子どもがどの学校、学級に合っているかの判断に迷います。そのような場合は、就学相談を勧めてみましょう。

　受けるかどうかは保護者自身が決めることですが、保育者の役割はそこで終わりではありません。

　保護者は、相談を進める中で子どもの理解を深めますが、それとともに現実と向き合うことにより不安を大きくしたり、相談員とのやり取りの中で傷ついたりすることもあります。また、就学相談を受けたからといって、すんなり就学先を決める保護者はとても少ないものです。保護者には、「できるだけ、この地域で多くの子どもたちと一緒に同じ教育を受けさせたい」という願いがあるからです。通常の学級以外の選択をした場合、周囲からの心ない対応や、将来ずっと特別な場所で教育を受け続けるのかと不安になることもあります。

　さらにこの時期、保護者はさまざまな気持ちの揺れ動きの中で、自信を失いやすくなります。保育者は、こうした保護者の気持ちを常に心に留め、保護者の今までの頑張りをねぎらい、認め、味方になりましょう。そのうえで、バランスを考えながら相談員の見解を伝えていく伝達力が重要です。

●学校見学を勧めてみる

　学校や学級の状況はそれぞれ異なり、例えばA市のA小学校の特別支援学級では、子ども6人に先生が3人、B市のB小学校の特別支援学級では子ども12人に先生が3人というように、物理的条件一つをとっても大きく違います。教育内容についても同様で、一律に通常の学級、特別支援学級、特別支援学校と選択することの難しさがあります。

　さらに、自治体によっては特別支援学級の種類として自閉症・情緒障がい児学級のない所もあります。そうなると、大きな集団では適応が難しいという子どもも、知的な遅れがなければ通常の学級を選択しなくてはならず、望むような支援が受けられないということもあります。

　また、選択先の教育が保護者の考え方と一致しているかということも大切な要素です。できれば保護者には、通うであろう学校や学級を見学し情報を得てから検討してほしいと思います。

　見学、体験、相談をして、不安や悩みが解消される場合もあります。百聞は一見にしかず。保育者は保護者に、自身の目で環境を見てくるよう勧めてほしいと思います。

11 子どもの言葉から見えてくるもの

子どもの発達特性を理解してくると、子どもの行動から背景を考え、支援していくことができるようになります。子どもの言葉からも、「なぜこんなことを言うのか?」が、見えてくるようになります。

氷山モデルの理論から

「なぜ?」と考えることは、子どもの「見えない部分」を見ようとするということです。その考えは、氷山モデルという理論に基づいています。

- シャワーが痛いの。
- 大きな声は、怒っているからでしょ?
- 考えるのにすごく時間がかかって疲れるんだ。
- 時間を戻したい。赤ちゃんからやり直したい。
- 頭がおかしくなるくらい苦しいんだ。
- なんで友達とうまくいかないのか、わかりませんでした。

氷山モデルの理論で考える

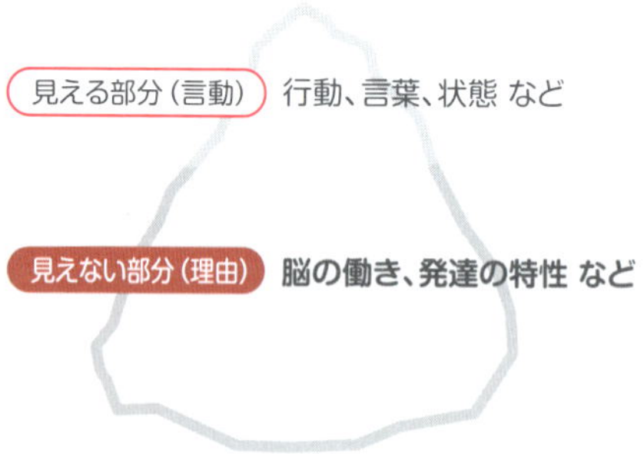
見える部分（言動）
行動、言葉、状態 など
見えない部分（理由）
脳の働き、発達の特性 など

わたしたち専門家は、行動の理由を理解する際に、「氷山モデル」という理論を使います。氷山は海に浮かんでいる氷の塊ですが、わたしたちに見えているのはほんの一部にすぎず、大部分は海の中に隠れています。

この目に見える部分を子どもの行動として考えると、わたしたちが子どもの行動から理解できることは少ししかなく、その行動の背景には海の中にある氷の塊のように多くの理由があるということなのです。

以下の各ケースでは、実際に、子どもが伝えてくれた言葉を振り返りながら、見えない部分（理由）について、これまで学んできた視点でとらえています。

シャワーが
痛いの。

Aちゃん（5歳児）

・・・・

A「先生、わたし、シャワーが痛いの。」
保「シャワーが痛い？　どのくらい？」
A「うーん？？」
保「針が刺さるくらい？」
A「そうそう、ちくちくするの。たくさんちくちくが当たるから本当に痛いの。」
保「プールのときのシャワーは無理だね。痛くて我慢できないでしょ？」
A「そうなの。」
保「シャワーじゃない方法、例えば、バケツに水をくんで体にかけるのなら大丈夫？」
A「おふろではいつもそうだから、たぶん大丈夫。」
保「プールのときも、そうしてお水をかけて体を流せばいいよね。これからはそうしましょう。」

Point

見える部分：プールが苦手。特にシャワーを嫌がる。

見えない部分：触覚に過敏さがあり、シャワーの水の当たる触覚が嫌。

感覚の過敏さについて苦労している子どもは多くいます。でもその感じ方しか知らないため、それを当たり前と思っていて、あえて大人に言わないで我慢している子もいます。感覚の視点で子どもの行動を観察し、仮説を立ててみることが必要です。

氷山モデルの理論から

B君（5歳児）

「大きな声は、怒っているからでしょ？」

Ⓑ「あの先生は、怒りんぼなんだ。」
㊚「えっ？ 優しい先生だけど。怒られたことはあるの？」
Ⓑ「大きな声でいつも何か言っているから……。
　大きな声は怒っているからでしょ？」
㊚「大きな声でも怒っているわけじゃないよ。
　なんて言っているか聞いてごらん。」
Ⓑ「大きな声はよく聞こえないし、怒っているとしか思えない。
　何言ってるかなんか、わからないよ。」
㊚「そうか。大きな声は苦手なんだね。」
Ⓑ「話しかけられると、イライラするんだ。」

Point

見える部分：不安が強い。特定の保育者に対して苦手意識がある。

見えない部分：大きな音刺激への苦手さがあり、保育者の大きな声によって覚醒レベルが上がり不安定になる。

「大きな声＝怒っている」と感じる子もいます。大きな声を聞くと、その音の刺激でイライラしてしまい、覚醒レベルが高くなって落ち着かなくなることを訴えています。
　覚醒レベルの視点では、大人は、できるだけ静かなトーンで子どもに話す、子どもの状況によっては、低刺激を心がけて保育することが重要です。

C君（小学2年生）

「考えるのにすごく時間がかかって疲れるんだ。」

（グループ活動前の支度の手順を見て）
Ⓒ「ぼくはこの絵があるとすごく助かるんだ。」
㊚「何をすればいいのか、よくわかるよね。」
Ⓒ「いつも次に何をすればいいのか、考えるのにものすごく時間がかかるんだ。すごく疲れるし、焦っちゃう。
　でもこれがあると考えるのが少なくなるから、疲れない。」

Point

見える部分：支度にとても時間がかかり、進まない。不登校傾向がある。

見えない部分：動作の手順や計画を立てて考えることが苦手で、見通しを立てにくい。

一見簡単にやっている支度の場面で、子どもが伝えてくれました。これは小学2年生の言葉なので、かなり明確に伝わってきますが、幼児でも同じような苦労を感じていて、でも言葉で表現できず理解されないということがあると思います。あらためて、プランを立てて行動することの大変さを感じました。C君に対しては、プランニング能力を補うような手順や視覚的支援を検討し直そうと、保護者と確認しました。

93

子どもの言葉から見えてくるもの

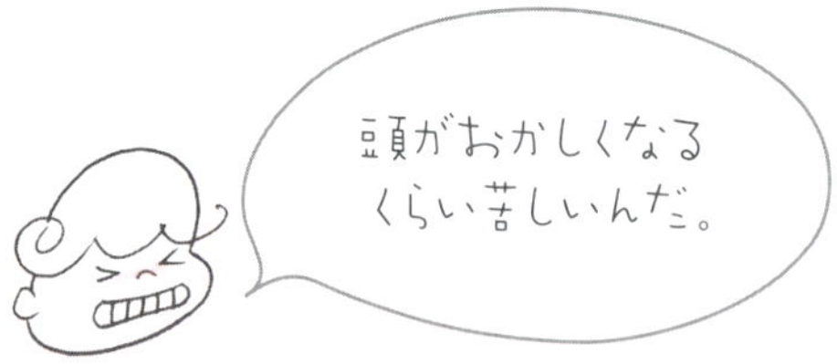

D君（5歳児）

「頭がおかしくなるくらい苦しいんだ。」

（ゲームで負け、怒って暴れてしまった後に）

D「先生には、僕の悔しさがわからない！ 頭がおかしくなるくらい苦しいんだ！」

保「負けるとそんなに苦しいんだ……。D君が苦しい思いをしているのはわかったから、苦しくならないような方法を練習しない？」

D「……そんなの無理だよ。」

保「そうかな？ 工夫したり、練習したりして上手になった子をたくさん知ってるよ。負けるたびにそんなに苦しい思いをしなくてすむように、練習しようよ。先生が手伝うよ。」

D「……うん。……やってみるよ。」

Point

見える部分　勝ち負けへのこだわりが強く、ゲームなどで負けることが我慢ならず、怒って暴れてしまう。

見えない部分　思考の柔軟性がうまく働かないため、負けや失敗を取り返しのつかないことと考えてしまい、切り替えられなくなる。

極端な考え方のくせを強くもつと、失敗や負けることが、本当につらい出来事に感じます。そのつらさはわたしたちの想像以上です。
「負けても平気」、「失敗は成功のもと」という認識がもてるように、ゲームで負けてもゲーム自体が楽しかったから「まあいいか」と思える体験、失敗しても最後は成功に終われる体験を積み重ね、失敗が次につながることを実感できるように支援したいと思います。

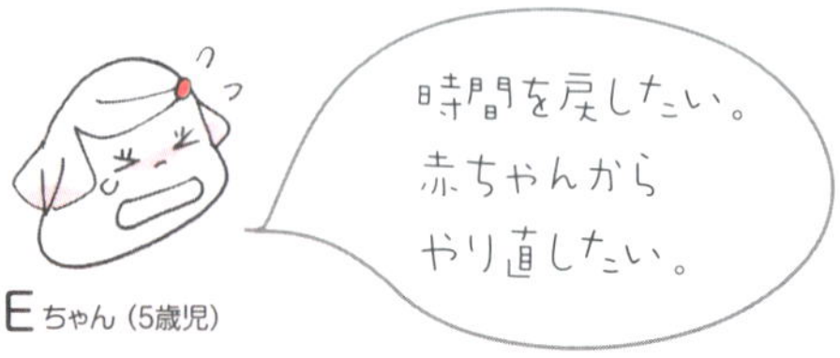

Eちゃん（5歳児）

「時間を戻したい。赤ちゃんからやり直したい。」

（イライラして保育者に八つ当たりしてしまった後に泣きながら）

E「時間を戻したい。やり直したい。赤ちゃんのときからやり直したい。」

保「時間は戻せないから、これから気をつければいいよ。」

E「やだ、赤ちゃんからいい子をやり直したい。時間を戻してよ。」

保「……。」

Point

見える部分　思い通りにいかなかったり、予想と違うことがあったりすると、イライラして周りの人や物に当たる。後になって自分を責めて落ち込む。

見えない部分　感情のコントロールが苦手で、気持ちが不安定になりやすい。また、ネガティブに向きやすい思考のくせがあり、自分を責め、自尊心が低下しやすい。

自分の行いはわかっている、悪いことをしてしまったことも。でも自分ではどうしてもコントロールできなくて怒ったり、相手を傷つけることを言ったり、「またやっちゃった」ということになり自分を責めてしまいます。
思う通りにいかない場面で、必要以上に怒ったりイライラの気持ちを引きずったりすることはありますが、大人がそのことを理解し、その子どもの気持ちに添って、根気よく接することが最後は子どもに通じます。子どもからどんな悪いチャンネルでつながれても、自分はよいチャンネルで返し続ける努力が、保育者には求められていると思います。

氷山モデルの理論から

> なんで友達と
> うまくいかないのか、
> わかりませんでした。

F君（4歳児）

（「貸して」と友達に伝えた後、相手の返事を待たずにおもちゃを奪い取ってしまったため、けんかになってしまい……）

F「また、けんかになっちゃった……。」

保「貸してと言うときに、大切な方法があるんだけど。知らない？　だから、うまくいかないんだよ。」

F「大切な方法？」

保「そう、貸してと言うときは、手は体に付けておくの。」

F「手を体に付けておく……（気をつけの姿勢をする）。」

保「そう、そういう感じです。そして相手の返事を待つの。『いいよ』とか『後で』とか言うでしょ。」

F「先生、僕がなんで友達とうまくいかないかがわかりました。僕は手を体に付けておくことを知りませんでした。今、わかりました。」

保「知らないでうまくいかないことはあるね。これからは、先生がうまくいくコツを教えるから練習しようね。」

F「うん、練習するよ。」

Point

見える部分：衝動的に友達のおもちゃを取ってしまい、物の貸し借りなどのやり取りがうまくいかず、けんかになることも多い。

見えない部分：適切なコミュニケーション方法を学んでいない（未学習）ため、要求や思いをどのように伝えたらよいかわからない。

生活経験の中で自然に身につく「人とのやり取り」や振る舞い方をわかっていないということがあります。どうすればうまくいくのか、その子ができる行動レベルで具体的な方法を伝えることが大切です。

95

著者	**藤原里美**（ふじわら　さとみ） 一般社団法人チャイルドフッド・ラボ代表理事　元東京都立小児総合医療センター主任技術員、臨床発達心理士、早期発達支援コーディネーター、保育士。 療育に携わりながら、早期発達支援ができる保育者の育成にも力を注ぐ。発達特性を理解すれば、子どもも保育者ももっと楽になるという思いから、子どもの発達特性に基づいた園現場で実践可能な支援を発信している。 チャイルドフッド・ラボホームページ　https://childhood-labo.link/
取材・撮影協力	あおば保育園（東京都） 石畑保育園（東京都）
写真提供	あおば保育園　たんぽぽ保育園　上砂保育園　西国立保育園　見影橋保育園 石畑保育園　東京都立小児総合医療センター育成科　藤原里美
資料協力	黒葛真理子（東京都立小児総合医療センター育成科）
参考文献	・『不器用さのある発達障害の子どもたち　運動スキルの支援のためのガイドブック』（2012）東京書籍　リサ・A・カーツ 著、七木田敦・増田貴人・澤江幸則 監訳、泉流星 訳 ・『気になる子どものできた！が増える　書字指導アラカルト』（2014）中央法規　笹田哲 著 ・『障害児保育ワークブック』（2012）萌文書林　星山麻木 編著、藤原里美 著

※本書は月刊誌『ピコロ』2014年4月号〜2015年3月号で連載したものを再編成し、新規ページを加えたものです。

Staff	編集 ● 小林留美 カバーデザイン ● 長谷川由美 カバー・本文イラスト ● 長谷川まき 本文デザイン ● 長谷川由美　玉本郷史 撮影 ● 田辺エリ（学研写真室） 校閲 ● 鷗来堂